そうか、君は課長になったのか。

東レ経営研究所社長
佐々木常夫

WAVE出版

「部下を動かすのはスキルではない。
部下の心を動かす、君の高い『志』だ」

はじめに

今、〝課長受難〟の時代を迎えています。

日本経済はかつての輝きを失い、長い長い迷路をさまよっているようです。多くの企業が厳しい経営を強いられており、その圧力は、現場を取り仕切る課長をも苦しめています。以前よりも少ない予算や人員で、難易度の高い成果を求められているからです。

しかも、部下の価値観の多様化も進んでいます。かつての終身雇用・年功序列の時代と違って、共同体意識も希薄化しているように感じられます。そんななか、チームを一つにまとめるのは非常に難しいことです。

近年、若い世代の中で「あんなにたいへんなら、課長になりたくない」という人がいますが、私は、こうした言葉が残念でなりません。

たしかに課長職は簡単ではありません。しかし、これほどやりがいと喜びのあるポジションはないのです。課長職の魅力と、この仕事をするうえでの心構えやノウハウを、ひとりでも多くの課長さんに伝えたい――。

そう思って、本書を書くことにしました。

私が東レ㈱ではじめて課長職に就いたのは39歳（１９８４年）のときです。ちょうどその年から、妻が肝炎を患い入退院を繰り返すようになりました。そのため、私は、自閉症の長男を含む３人の子どもの世話と、妻の看病のために毎日18時には退社する必要に迫られました。さらに、その後、責任感の強い妻は、自分の病気のために家族に負担をかけていることを気に病み、うつ病を併発するに至ったのです。

私が最初に担当した部署は極めて多忙でした。前任課長時代には毎日夜遅くまで残業するような部署だったのです。

ですから、私は部下全員が定時に帰れるように仕事の効率化を推し進めるとともに、「課長の仕事とは何か？」「課長の仕事をまっとうするために何をすべきなのか？」「何をすべきでないのか？」など、課長という仕事の「真髄」について考え続け、試行錯誤を繰り返しました。

まさに暗中模索、多くの壁にぶつかりながら、もがき続けたのですが、そのなかで確実にみえてきたものがありました。そして、多くの上司、同僚、部下に支えられながら、いくつもの大きなプロジェクトを成功に導くことができたのです。

その後、幸運なことに部長、取締役と昇進し、現在は東レ経営研究所の社長を務めています。妻もすっかり元気になり、強い絆に結ばれた家族と幸せな毎日を過ごしています。そして、いわば波乱万丈の人生を振り返ったときに、あの苦しかった課長時代にどれほどの「恵み」を得ていたことかとしみじみ思うのです。

本書は、こうした私の経験から導き出した課長職の私なりの「真髄」をまとめたものです。WAVE出版の要請もあり、「石田君」という架空の新任課長に向けて応援の手紙を書くつもりで筆を進めました。真心を込めて書いた手紙が一人でも多くの方の心に届いてほしいと願っています。

「プレーイング・マネジャーにはなるな」

「在任中に成すべきことを決めろ」

「社内の本当の実力者を見極めろ」
「会社の常識に染まるな」……。

いろいろなことを書きました。それぞれが大事なことですが、そのすべての背後にあるのは「志」です。課長にとって一番たいせつなのは、何かを成し遂げようとする「志」であり、なんとしても部下を育て上げるという「志」なのです。これさえあれば、スキルやノウハウは後からついて来るのです。

もはや、なんとなく課長職が務まるような時代ではありません。しかし、「志」をもって取り組めば、大きな果実を得ることができます。そして、人間として成長することができます。

本書が皆さま方の生き方、仕事の仕方の一助となれば、これに勝る喜びはありません。

目次

第1章 まずはじめに、「志」をもちなさい

第2章 課長になって2か月でやるべきこと

第3章 部下を動かす

第4章 社内政治に勝つ

第5章 自分を成長させる

［ブックデザイン・図版］奥定泰之
［DTP］オフィスTM（菱沼知夏）
［校正］小倉優子

第1章

まずはじめに、「志」をもちなさい

1 部下との「絆」は一生の宝物

――課長ほどおもしろいポジションはない

石田君、君から手紙をもらって、とても懐かしかったですね。そして、君が課長に昇格したという知らせには、驚きと嬉しさを抑えきれませんでした。

君が私の課に配属された出社1日目のことが、ついこの間のように思い出されます。

あれは、私が初めて課長になって2年目のことでした。

当時、人事部の要請もあって、私の課でのキャリアが長くなったベテラン社員を、ひとりは海外に、ひとりは大阪から東京に異動させました。代わりに後任候補を何人か、人事部から提示してもらいましたが、適当な人がいませんでした。

そのため、しばらく待って新入社員を受け入れることにしました。

人事部の要請に快く応えて、貴重な戦力をふたりも手放したことを、人事部の担当者は私に感謝していました。だから、彼はその年の新入社員のベストの人材を配属させると約束してくれたのです。

そして、2か月。新入社員研修を終えた君が私の前に現れました。

「おはようございます！　この課に配属になりました石田です！」

君は直立不動で私に挨拶しました。そして、課員全員の方に振り返って「石田です！　よろしくお願いします！」と大きな声で言いました。

小柄ながら、目が生き生きとしていて、いかにも若者らしい初々しさに、私は自然と顔がほころびました。

ベテラン社員が抜けたままの空白の2か月間、私たちはずっと君を待っていました。だから、緊張しながらも、張り切って挨拶した君を、全員が心から歓迎したのです。

その石田君が課長になったのですか。もうそんな月日が経ったのですね。早いものです。

君は新入社員のころから何事にも前向きに取り組む人でした。今もまったく変わらず、課長という新しい職に意欲を燃やしている様子が手紙から伝わってきて嬉しいかぎりです。


私は会社の中でさまざまな役職に就いてきましたが、**課長ほどやりがいがあって、面白い仕事はない**と考えています。

課長というのは、課を構成するメンバー一人ひとりと直接対峙します。課員全員をひとりの人間として気にかけ、その成長をアシストします。部下一人ひとりの仕事に直接手をつっこんで、モチベーションを高めながら、スキル向上を促していきます。そして、部下の成長を見守り、チームとして成果を上げられるようにマネジメントをしていくのです。

とりわけ、**部下の成長を確認したり、チームとしての結果が出たときの満足感はなにものにも代えがたい**ものがあります。

君も覚えているでしょう？

さまざまな軋轢《あつれき》を乗り越えて予算編成が終わったり、何度も壁にぶつかりながら重要な情報システムの導入を成功させたり、大型の設備投資の発案が承認されたときなど、よく課全員で打ち上げと称して飲みに行きましたね。

あのときのみんなの達成感と充実感。苦労と反省を語り合ったり、ねぎらい合ったりしながら、明日からの仕事への意欲をかき立てる高揚感。あれは、ビジネスマンが「チームで仕事をしてきてよかった」と感じる最大の喜びの瞬間です。「この人たちと一緒に仕事をしてきてよかった」という気持ちです。

もちろん、仕事のなかでは、課のなかで意見が対立したり、ときには私が叱責するようなこともありました。しかし、仕事をやり遂げたときには、かけがえのないものが生まれます。

それは「絆」です。あのころのメンバーは、今はバラバラの職場で働いています。しかし、誰かが結婚したとか、昇格したとなれば、全員が集まります。そして、必ず私にも声をかけてくれます。こんな嬉しいことはないですよ。そして、かつての戦友との語らいは本当に楽しいものです。これは、もう会社という枠組みを超えた、人間同士のつながりです。
そんな、人生にとって大事なものを築くことができるのは、課長時代だけと言っても過言ではありません。部長や担当役員は、ここまで一人ひとりの部下とダイレクトに接するわけではないからです。

会社を辞めたら、一緒に働いていた仲間と会うこともなくなる……。そのような人を、私は何人も見てきました。会社にいたころは多くの取り巻きがいた〝かつての権力者〟が、退職後に孤独に過ごすことも決して珍しいことではありません。それはあまりにも寂しい人生ではないですか？　結局のところ、人間は偉くなるかどうかじゃない。**一緒に働いた仲間との「絆」をもつことができれば、それは幸せな仕事人生というべき**です。そして、こうした「絆」を大事にする人こそ、出世する可能性は高いと思います。
石田君、君なら、こういう価値観を理解してくれると思います。

とはいえ、手紙には不安も書いてありましたね。

うまく課をまとめることができるだろうか。厳しい経済情勢のなか、成果を上げ続けることができるだろうか。社内政治を生き残ることができるだろうか——。

初めて課長になるのだから、不安になるのは当然のことです。

もちろん、君は、自分の会社生活の中でそれなりに課長という仕事の存在意義、役割期待を理解していると思います。それに、君の実力があれば、必ずやり遂げることができると思います。

でも、君よりは少しだけ経験が長く、それなりの苦労もしてきた私の立場から、ささやかなアドバイスを手紙にして伝えていきたいと思います。何か困ったとき、悩んだときなどに、読み返してもらえれば嬉しいです。

課長になるからといって、何も身構える必要はありません。君の能力と人間性を、素直にそして全力でぶつけてみなさい。そうした真摯《しんし》な君を見たら、必ず、部下はついてきます。そして、立派な業績を上げることができるはずです。

2 君に読んでほしい本

――キングスレイ・ウォードの『ビジネスマンの父より息子への30通の手紙』

まず最初に、君にぜひ読んでほしい本があります。

それは、キングスレイ・ウォードというカナダの実業家が書いた『ビジネスマンの父より息子への30通の手紙』（城山三郎訳、新潮文庫）という本です。

キングスレイ・ウォードは苦労して大学を卒業し、公認会計士として6年間働いたあと、化学事業を興して成功しました。

ビジネスマンとしての働き盛りに2度にわたる心臓の大手術を受け、死に直面した彼は、生きているうちに自分のさまざまな経験から学んだ人生の知恵やビジネスのノウハウを、息子に伝えたいと切実に願うようになりました。

そして、父親としての愛情とビジネスマンとしての熱意を込めて息子に30通の手紙を書いたのです。

そこには礼儀正しくふるまうこと、身だしなみを大切にすること、人に会う前はきちんと準備しておくこと、お金は大切に使うこと、部下、友人、顧客とは丁寧に付き合うことといった細かなことから、経営者としてとるべき手法、事業運営上の留意点といった大きな問題に至るまで、あふれるばかりの愛情に満ちたアドバイスが書かれていました。

私はこの本を課長になって2年目に読み、父親の息子に対する愛情の深さとビジネスマンとしてあるべき心得を教えられ、それまで読んだどのビジネス書より感動しました。

私は6歳で父を亡くしていましたから、父親の愛情に満ちたその本を読んだ衝撃はなおさら大きかったのです。

まさに、**「ひとりの父親は百人の教師に勝る」**です。

私はこの本を何度も何度も読み、ほとんど暗記するくらいに心に刻みつけました。キングスレイ・ウォードは私の父親になったのです。そして彼のアドバイスは、私のその後のビジネス人生の指針になりました。

私の会社生活を支えてくれたまさに座右の書ですが、私はこの本に、課長になったばかりのときに出会えた幸運を神に感謝したものでした。

これから君にいろいろアドバイスしますが、その底流にこの本の存在があるということを理解してほしいと思います。

この本に書いてある具体的アドバイスももちろん重要です。しかし、これから課長になる君には、父親が息子に対して抱いている愛情を読み取ってほしい。この気持ちこそが、部下を動かす原動力になるのです。本書の奥深い魅力を知り、ぜひ身につけてもらいたいと願っています。

3 高い「志」が人を動かす

――スキルだけで課長は務まらない

課長になるにあたって、なにより大事なことは「志」をもつことです。

世の中には、仕事を効率的に進める手法や役立つ経験談などがあふれています。それはそれで役に立つし参考になりますが、その知識がいきるもいきないも、すべてその人がもつ「志」次第だと私は考えています。

君は、この世に生を受けました。そのたった一度の人生で何をしたいのか、どのような人間になりたいのか、どう生きたいのか、**その「志」さえ高ければ、スキルなど自然と後からついて来る**のです。人生に喜びを見出すかどうかは、心のもち方で決まると言ってもいいでしょう。

実は、私が初めて課長になったとき、自分のスキルを高め、部下にそれを叩き込むことばかり考えていました。妻が入院し、自閉症の長男を含む3人の子どもたちを世話するために、毎日18時には退社しなければならないこともあり、業務の効率化を極限まで高める必要があったからです。しかし、なかなかうまくいきませんでした。なぜ、自分が思うように成果が出せないのか、思ったようにことが運ばないのか——。悩んだ時期でもありました。

そして、あるとき気づいたのです。部下を動かすのはスキルじゃない。**部下の心を動かす高い「志」と「パッション」をもたなければ、誰も付いてきてくれないのだ**ということに……。

このとき思い出したのは、「世のため人のために尽くす人になりなさい」という母の教えでした。

私は、6歳で父を結核で亡くしました。当時、結核といえば不治の病だったのです。18歳でお嫁に来た母はすでに4人の男の子をもうけていました。そして、26歳で未亡人となった母は、一家の生計を支えるために叔父の卸商のお店で働くことになったのです。

母は毎日、朝早くから夜遅くまで働きました。今、考えると信じられないことですが、当時、1年のうち母の休みといえばお正月とお盆くらいのもの。その母を支えたのは、父親のいない4人の子どもを立派な社会人に育て上げようという「志」でした。

そして、母はいつも、「世のため人のために尽くす人になりなさい」「人を傷つけてはいけません」「ウソをついてはいけません」「間違ったと思ったら勇気をもってごめんなさいと言いなさい」と私たちに言い続けました。

厳しい人でした。

まだ私が小さいころ、果物屋さんにおいしそうなりんごが並んでいたのですが、お店の人がいないのをいいことに1個とって食べたことがあります。そして、りんごを食べているところを母に見つかってしまったのです。母は、私をそのお店まで連れて行き、泣き叫ぶ私の襟首を押さえつけて謝らせました。

その帰り道、近くの学校のプールのそばで、「今度、黙って人のものをとるようなことをしたら、このプールに入れるからね」と言いわたされました。そのプールで5か月前、私の隣の家の男の子が過って転落死したばかりのことでしたから、私は震え上がって、二度と人のものを盗るようなことはしないと心に誓ったのです。

そんな母の生き方を見てきた私は、「世のため人のために役に立つ人間にならなくては……」と、自分に言い聞かせながら育ってきたように思います。

課長になって壁にぶつかり、「志」が必要なんだということに気付いたときに、改めて母の教えを思い出しました。自分は、本当に「世のため人のため」に仕事に取り組んできたか？　何度も問いかけました。

課長とは人を動かすのが仕事です。課の仕事をきちんとやり遂げるために、上司を動かし、関係部署を動かし、取引先を動かす。しかし、**「自分の出世のため、自分の利益のため」という思いから人を動かそうとしても、周りは決して動いてくれません。**

部下もそうです。人は誰でも、自分の仕事が、課全体の役に立ち、会社全体の役に立ち、社会全体の役に立つことがなければ、本心からやる気を起こすことはありません。また、課長である私が、**部下の成長や幸せのために本気で指導に当たっているということが伝わらなければ、決して本当の意味で味方になってくれることはない**のです。

だから、スキルじゃない。まず、自分の中の、「世のため人のため」という「志」を本物に高めていかなければならないのだと思い至ったのです。

それからです。私の課長としての仕事が少しずつうまく行きだしたのは……。

このように私は少し遠回りをして、「志」の大切さを知ったのです。

君には、そんな遠回りをしてほしくない。だから、課長になる前に、自分の「志」をしっかりともってほしいのです。

4 人を幸せにするのが、自分の幸せ

――ノブリス・オブリージュであれ

正直に告白しましょう。

私は、「世のため人のため」という「志」をもったと書きましたが、本音を言えば、それは「自己愛」でした。

人は「世のため人のため」と言っても、それだけを目的に生きるのは難しいところがあります。人は悲しいかな、金銭欲や出世欲などさまざまな迷いもあるものです。これを否定してしまうとウソになる。実際、私も幼いころの苦しい生活、厳しい受験勉強などを通じて、「世のため人のために生きる」ということだけで100％自分を納得させることはできませんでした。

そして、課長として部下に仕事のやり方や理念について語りかけようとしたとき、**自分を支えていたものが「自己愛」であったことがわかった**のです。

日本理化学工業㈱という会社を知っているでしょうか？　粉の出の少ないダストレス・チョークを製造している会社です。驚かされるのは、社員75人のうち54人、つまり社員の7割が知的障害者で構成されているということです。

この会社を築き上げてきた大山泰弘会長は、当初、知的障害者を試験的に雇ったのでした。その子たちがあまりに一生懸命働く姿を見ていた社員が「自分たちが面倒を見るので、この子たちをずっと雇ってほしい」と大山さんに頼み込みました。大山さんは、そうした社員の熱心さに負けて、知的障害者の正式採用に踏み切ったのです。

知的障害者たちが嬉々として働くのをみて大山さんは、「どうしてこの子たちは、こんなに一生懸命働くのだろうか」と疑問だったそうです。「障害者の施設で、毎日働かずにのんびり暮らしたほうが幸せだろうに」と。

そんなある日、導師（禅僧）にその疑問をぶつけてみました。すると、その導師は、**「人間の究極の幸せは、人に愛されること、人にほめられること、人の役に立つこと、人から必要とされることの4つです。働くことによって愛以外の3つの幸せは得られるのです。彼らが働こうとするのは、社会で必要とされて、本当の幸せを求める人間の証なのです」**と応えられました。この言葉を聞いて感動した大山さんは、その後、障害者雇用をどんどん増やしていったのです。

この導師の言葉に、私も心を打たれました。

私は、この4つが人間の「究極の幸せ」なのかどうか自信はありませんが、「人にほめられ、人の役に立ち、人から必要とされる」こととは、すなわち「世のため人のため」になっていることだと思います。

これは、私が長年心に秘めてきた、**「『世のため人のため』に生きることが『自分のため』になる」**という考え方につながります。

人は何のために生きるのか、人は何のために仕事をするのか——。それは人から愛されたり尊敬されたりするためではないでしょうか？　つまり、それは自分のためなのです。自分の幸せのためなのです。

私の母もそうでした。

母は、自分を犠牲にしながら、4人の子どもを育てましたが、その結果、兄は北大、私は東大、ふたりの弟は東北大に入学し、それぞれきちんとした社会人になりました。そのときの、母の喜びようはありませんでした。母の「志」は、彼女の幸せに確かにつながっていたのです。

私も微力ながら、どうしたら部下や周りの人がモチベーション高く仕事ができるのか、仕事で結果を出せるのか、そのことに自分の全力を傾注してきました。その結果、多くの部下が成長して、一人前のビジネスマンに成長する姿に接することができました。それは私にとって、なにものにも代えられない喜びでした。私も、「人にほめられ、人の役に立ち、人から必要とされる」人間になれたのだと思うと、心の底から幸せを感じます。

私は、お金や地位があることが、その人の幸せにはつながらないと考えます。世の中にはお金持ちや地位の高い人がいますが、それだからといって幸せになっているとは限りません。

だから、君にも「自分の幸せ」のためにも、「世のため人のため」に尽くす人になってほしい。

「ノブリス・オブリージュ」という言葉があります。高い地位にいる人には、社会や人々のために尽くす義務があるということです。しかし、エリートが一方的に義務を負ってるわけではありません。社会のため、人のために行動を起こし、結果を残すことによって、その人は地位や報酬だけでなく、尊敬と愛情という幸せを手に入れることができるのです。高い義務にはそれに見合う高い報酬があるのです。

課長は部下の成長に直接タッチできる唯一の職位です。だから、**君にも部下に対して「ノブリス・オブリージュ」であってほしい**。

君も私と同じように、いろんな壁にぶつかるでしょう。思い通りにいかず、悩むときもあるでしょう。しかし、常に「世のため人のため」という思いを忘れずにいてほしい。それは、回りまわって君の幸せにつながるのですから。

5　プレーイング・マネジャーにはなるな

――課長は新しい世界の仕事

君は、課長という仕事をどのように考えているでしょうか？

もし、今までの担当としての仕事の〝延長線上〟にあると考えているとすれば、それは大きな間違いです。

最近、担当業務もこなしながらマネジメントもする「プレーイング・マネジャー」をせざるを得ない課長が増えていますが、決してそんなことをしてはいけません。課長の仕事は、二兎を追ってできるほど簡単なものではないのです。

課長とは、会社の組織体の中で最も小さな組織のリーダーのことです。課員全員をひとつの目標に向かって行動させ、結果を出すミッションをもっています。

要するに、人を動かすのが仕事なのです。

組織の規模は違いますが、担当役員や部長も同じですね。しかし、**課長の場合、部下の数と質において、その難度は役員や部長の比ではありません。**というのは、部長の場合であれば、相手にする部下（課長）は通常4人とか5人とかいう少人数だからです。しかも、一般社員から勝ち上がってきた人たちですから、優秀な人材が多い。ところが、課長が相手にする部下は数も多く、能力、学歴、年齢、意欲などもバラバラです。だから、一筋縄ではいきません。

Aさんに対しては、「この仕事を2日で終わらせてくれ」という一言の指示で足りても、Bさんに同じ指示を出したら、「そんなこと、できるわけがありません」と反発されるかもしれません。その場合には、2日で終わらせるために、どのような段取りで仕事を進めるべきなのかを細かく指示する必要があるでしょう。このように、一人ひとりの個性や能力にあわせて、まさに〝あの手、この手〟で対応していかなければならないのです。

このような意味において、課長職は、会社のなかで最小単位のリーダーであるにもかかわらず、最も難しい職位といってもいいでしょう。本来の課長のミッションに専念しなければ、とてもやり切れるものではないのです。

ところが、課長自らが現場の仕事をしてしまうケースが非常に多い。

たとえば、先ほどの例でいえば、Bさんに事細かに指示するよりも、自分でやってしまったほうが早いと思ってしまうのです。たしかに、ものわかりの悪い部下をいちいち指導するのが面倒だという気持ちもわからないではありません。しかし、部下の仕事を課長がやってしまうと、自分がやるべき仕事を放棄することになります。課長が自分でやってしまったら、Bさんはその仕事をすることによって得るであろうスキルを身に付けることができませんよね？　**部下を成長させるという課長の責務を放棄してしまっている**わけです。

こういう課長は、おそらく自分本来の業務から逃げているんです。作業をやっているほうが落ち着くんですよ。今までやってきたことですからね。だけど、課長に現場仕事をやっているようなヒマはありません。そんなことをやっていると、何時間あっても時間は不足してしまいます。

私は、具体的業務に半分以上の時間を費やす課長を何人もみてきました。そういう人たちは業務に埋没して、本来の課長の仕事をしないままヘトヘトになってしまいます。夜遅くまで仕事をしても、まだ何か仕事が終わっていないような気分で帰宅する。そんな仕事のやり方が、長続きするはずがありませんし、当然、結果も出ません。そして、部下たちに「課長があんなに大変なら、私は課長になりたくない」と思われるようになるのです。

課長になるというのは、具体的業務を卒業して、まったく新しい世界の仕事に向き合うということなのです。

課長が要求されるのは、

●課の経営方針の策定と遂行状況のチェック **(方針策定)**

●部下の直面している現実を正しく把握し、その仕事のやり方を指導し、組織全体を最高の効率にもっていく **(部下の監督と成長)**

●自分の課で起こっていることを経営に的確に報告するとともに、経営の意思・目標を課全員に的確に伝える **(コミュニケーション業務)**

●社内外の関係者を自分の目標どおりに導いていく政治力 **(政治力)**

■課長の仕事に専念せよ

〈課長の仕事〉

❶課の方針策定
❷部下の監督と成長
❸経営と現場のコミュニケーション
❹社内外の政治

現場の業務

プレーイング・マネジャー

↓

疲弊して、
結果が
出ない!!

など、現場業務とはまったく次元の違う仕事なのです。

これらを総合的に推し進める力がなければ、「課員全員をひとつの目標に向かって行動させ、結果を出す」という課長のミッションを果たすことなどできません。

たしかに、これらの仕事は難しい。突き詰めれば、「人間力」が問われるのですから。だけど、だからこそ課長の仕事は面白いのです。

ですから、君も、具体的業務からは一切手を引いて、課長本来の仕事にまい進してください。

第2章

課長になって2か月でやるべきこと

6 最初に君の信念を示す

——本気で考えて、本気で伝える

君はこれまで経験したことのない部署の課長になるそうですね。人によっては、その課の課長代理をしていて課長に昇格するケースもあります。私の場合は半々でした。

いずれにしても、部下は、今度の課長はどんな人だろうかとか、どんな方針を打ち出すんだろうかと、興味津々で君を迎えることになります。

さすがの君もどんなふうに迎えられるか、緊張感を覚えるでしょう。

まずは、きちんと挨拶をすることです。部下より先に、君が「おはよう」と声をかけるんです。当たり前のことと思うかもしれませんが、おろそかにしてはいけません。

初日だけではありませんよ。毎日、朝出社してきた部下、上司、同僚に大きな声で挨拶するように。退社するときは、「お先に失礼します」。なかには、「俺が目上なんだから、部下が先に挨拶するもんだ」などと考える課長もいますが、そんなことはありません。

挨拶がきちんとできているかどうかは、ある意味でその職場の活性化のバロメータでもあります。課というチームの中での信頼関係が活性化の源ですが、そのためには課のエンジンである課長の明るい挨拶が不可欠なのです。


挨拶が終わって、始業時間がきたら、いよいよ着任スピーチです。

何事も最初が肝心。もちろん長い時間をかけてじっくり自分らしい課の経営をすることも重要ですが、最初の段階で君の信念を明示することもとても有意義です。部下をハッとさせることは効果的ですし、部下に「今までとは違う」と思わせることにつながるでしょう。

私は、課長として異動するたびに、必ず「仕事の進め方10か条」を示しました。

■仕事の進め方10か条

❶計画主義と重点主義

まず、仕事の目標設定→計画策定をし、かつ重要度を評価すること。自分の在籍期間、今年・今月・今週・今日は何をどうやるか計画すること。すぐ走り出してはいけない。優先順位をつける。

❷効率主義

目的を十分に踏まえどのやり方が有効かできるだけ最短コースを選ぶこと。通常の仕事は拙速を尊ぶ。

❸フォローアップの徹底

自ら設定した計画のフォローアップをすることによって自らの業務遂行の冷静な評価を行うと共に次のレベルアップにつなげる。

❹結果主義

仕事はそのプロセスでの努力も理解するが、その結果で評価される。

❺シンプル主義

事務処理、管理、制度、資料はシンプルをもって秀とする。すぐれた仕事、すぐれた会社ほどシンプルである。複雑さは仕事を私物化させやすく、後任者あるいは他者への伝達を困難にさせる。

❻整理整頓主義

情報収集、仕事のやりやすさ、迅速性のため整理整頓が要求される。資料を探すロスの他に、見つからずに結局イチから仕事をスタートするという愚を犯す。

❼常に上位者の視点と視野

自分が課長ならどうするか部長ならどうするかという発想での仕事の進め方は仕事の幅と内容を豊かにし、自分及び組織の成長につながる。

❽自己主張の明確化

自分の考え方、主張は明確に持つと共に、他人の意見をよく聴くこと。自分の主張を変える勇気、謙虚さを持つこと。

❾自己研鑽

専門知識の習得、他部署、社外へも足を運ぶこと。管理スタッフならば、管理会計程度は自分で勉強し、身につけておくこと。別の会社に移っても通用する技術を習得すること。

❿自己中心主義

自分を大切にすること→人を大切にすること。楽しく仕事をすること。健康に気をつけること。年休をとること。

これは、私が初めて課長になるときにまとめたもので、自分の仕事に対する考え方のエッセンスであり、成り行きで仕事を進めていた前任課長のやり方を明確に否定する意図もありました。

私は、これ以降、自分の職場が変わるたび、その組織全員に同じメッセージを発信してきました。この「10か条」は私の信念と経験に裏打ちされた不動のものなのです。

余談ですが、私が東レの課長研修で講義をしたとき、受講生のなかにこの「10か条」と同じものをもっている人がいるのに驚いたことがあります。私が25年前に在籍していた課の課長でした。彼によると、その課で代々引き継がれてきたのだといいます。「この10か条、佐々木さんがつくったものとは知りませんでした」と彼もびっくりしていました。私の考え方が、この会社の片隅で何年も生きてきたということに素直に喜びを感じました。それだけ、人が共感する内容だったからではないかと思うからです。

さて、このような**方針や考え方は、必ず文書にして渡す**ことを心がけてください。口頭では、人によっては頭の中を素通りしてしまいます。

もし君にまだ、自分の信念を文書化したものがないなら、ぜひ書いてみてください。文書化することによって、自分の考え方を整理することができますし、自分が何を大切にしているかを発見することにもつながるでしょう。

もちろん、着任時に文書で示すだけで、君の考え方が浸透するほど甘くはありません。**とにかく、反復連打です。**何度も何度も、繰り返しこの話をするのです。

私は、課内会議のときは必ず「10か条」の内容に触れました。注意してほしいのは、10か条の文言をそのまま言っても伝わらないということ。**現場の仕事にあてはめて、具体的に説明してください。**そして、〝耳にタコができる〟くらい繰り返すのです。部下に、「また、その話ですか?」と言われても、かまうことはありません。こうした努力を積み重ねれば、いずれ「10か条」が現実化していることを君は発見するでしょう。

なかには、着任時に「方針」「信念」を示しても、そのまま放ったらかしか、思い出したときだけもち出す課長もいますよね。そんなことでは、課員は本気では受け取ってくれません。要するに、その課長の「信念」など、本物ではないのです。

君には、課長になるのを機に自分の「信念」を本気になって考え抜いてほしい。そして、本気で部下に伝えるのです。

本気であること。これがなければ、何も始まらないのです。

7 「時間厳守」を叩き込む

——時間にルーズな課は成果を出せない

ビジネスマンは時間厳守が鉄則——。

当たり前のことですが、着任時に、このことを明確に示すことをお勧めします。出勤時間、会議、外部とのアポイント……。毎日のことですから、時間に関してタガがほんの少し緩んだだけでも、仕事全体に深刻な影響を及ぼします。だから、着任スピーチのときに、「時間を守らない人には厳しく対処します」と明言したほうがいいでしょう。最初から徹頭徹尾、強く要求するのです。

もちろん、まずは隗《かい》より始めなければなりません。

私の場合、朝は人より1時間ほど早く出社していました。その代わりというか、妻が当時肝炎で入院していたこともあり、18時に会社を出ていました。

会議への遅刻は絶対に許しません。その代わり、会議はできるだけ早く結論を出すように努めて、終了の時間は守る。終了予定時間が12時であれば、11時とか11時半には終わるようにしていました。「12時まである」と考えていると、必ずといっていいほど時間をオーバーしてしまうからです。

お客さまとの待ち合わせには必ず10分前に行く。重要な人との待ち合わせや社外での会議の場合はもっと早く、15分前には着くようにしていました。電車が遅れることもありますし、事故だってあるかもしれません。途中で食事をしなくてはならないときは必ず目的地に着いてからとります。途中で何が起こるかわからないからです。目的地についてからの食事であれば安心ですし、最悪食事を抜いてもいいのですから……。

こうして「時間厳守」を君が身をもって示し、部下に対しても厳しく指導し続ければ、それは課の文化として定着していくでしょう。

もしも、**時間にルーズな課員がいたら、それは課のマネジメントがうまくいっ**

ていないと考えて間違いありません。十分に気を付けるようにしてください。

「時間厳守」だけではありません。

私は、「きちんと挨拶する」「お世話になったらすぐにお礼を言う」「ウソをつかない」「間違ったことをしたら、勇気をもって謝る」といった基本的なマナーについては口うるさく言い続けてきました。これまで、これらの基本をはずした部下を何度、怒鳴り上げたかわかりません。

誰だって怒鳴ったりしたくはありません。しかし、こうしたことは徹底的に身体に刻み付けてあげるのが課長の務めです。なぜなら、**これらのことができない人は、一生、一人前にはなれないからです。**

そして、それは着任した瞬間から始めるべきことなのです。

8 すべての部下と面談する
――前任課長の仕事を評価する

着任後、君が真っ先にやらなくてはならないのは、
●課として成すべき重要課題や緊急テーマ
●課を構成する部下の業務分担、能力、モチベーション、メンタルヘルス、家族状況
●上司（部長）の存在感
など、担当課を取り巻く現状を把握することです。その課の「事実」をつかむことと言ってもいいでしょう。

このときに注意してほしいのは、**前任課長からの引き継ぎ事項を鵜呑みにしな**

いということです。前任課長の話は一応聞いておいて、後は、君自身の目と耳で確認しなければなりません。

「事実」というのは厄介なものです。

なぜなら、人というのは、どうしても自分に都合のよいように解釈するものだからです。ある特定の事象について、ある人は「事実はAだ」と解釈し、ある人は「事実はBだ」と解釈する。そういうものです。どんなに公平を心がけている人でも、そのことから逃れることはできません。

ですから、〝事実〟とされるものについても、さまざまな角度から冷静に検証しなければなりません。**〝事実〟をゆすってみると、たいていの場合「事実」でないことがわかる**ものです。だから、前任課長の話を「事実」と考えてはいけないのです。

特に、部下の人事評価を真に受けることは絶対に避けるべきです。

人事評価は、人が人を評価するので、「絶対水準の視線」に欠けるからです。どうしても、その人の価値観や嗜好性の影響を受けるのです。だから、安易に**前**

任課長の評価を「事実」と受け取ることによって、「人材を殺す」ことすらあることを肝に銘じなければなりません。

それでは、課の現状（＝事実）を把握するためには、どうすればいいのでしょうか？

私が新しい課の課長に就任するたびにやってきたのは、部下全員と一人ひとり面談することです。課員の話を聞くことで、〝事実〟をゆすってみるのです。できれば、**課の中で一番若い人から順番に話を聞いた方がよい**でしょう。若い人はキャリアが短い分わりあい無防備ですから、あまり慎重にならず好きなことを話してくれるからです。それに、課長が変わったのをチャンスに、日ごろ抑えていた不満を口にすることもあります。現状を把握する材料をたくさん提供してくれるのです。

ベテランの人たちは、若い人が君に何を言ったか気になって、その分慎重に話をするでしょう。でも、それでいいんです。これから毎日仕事をしていれば、遅かれ早かれ〝本音〟はわかってきますから。とにかく、いろいろ話してくれる若い人からたくさんの情報を引き出すことを心がけてください。

部下の本音を引き出すためには、**多面的に質問する**ことが重要です。つい、その部下が担当している仕事について根掘り葉掘り聞いてしまいがちですが、それでは、相手の口はなかなか滑らかになりません。

仕事に関しては、

「君はこの課がどんなふうになればいいと思う？」

「会社はどういう方向に向かうのがいいと思っている？」

「どんな新入社員がほしい？」

など、彼の職責とは関係ないレベルのことも聞いてみるといいでしょう。誰でも、それなりの考えをもっているものですし、それを誰かに話してみたいと思っているものです。多面的に質問することで、彼の考えていることがよりよく見えてきます。

そして、仕事のことだけではなく、差しさわりのない範囲でプライベートのことも聞いてみるといいでしょう。親近感も湧くし、より本音を話してくれるようになるはずです。

この面接は、とりあえずの現状把握ですから、あまり時間をかけず簡単に済ませて大丈夫です。まずは、ざっくりと「事実」を把握できればいいのです。それだけでも、前任課長の仕事をより客観的に評価できるとともに、その課の抱えている問題点と打つべき対策が徐々に見えてくるはずです。

9 「在任中に何を成すか」を決める

——デッドラインで自分を追い込め

サラリーマンに異動はつきものです。いずれは、君も別の部署の課長などに異動になります。**現在の職にはタイムリミットがある**のです。

つまり、明確な目標ももたずに漫然と仕事をしているようでは、あっという間に異動になってしまうということ。何の実績も残さないまま……。

課長たるもの、「在任中に何を成すか」という自分のミッションを決めて、できるだけ早く達成する方策を考え、実行していく必要があるのです。

私が営業課長になったときのことを紹介しましょう。

扱っていたのは漁網と釣り糸の原材料でした。漁網用原材料のシェアは約50%

と非常に順調だったのですが、釣り糸用は20％強と低迷。これをいかに伸ばすかが、その課の長年の課題だったのです。

私は、釣り糸用の低迷の背景を調べました。すると、そこには流通経路の問題があることがわかってきました。

古くから、釣り糸は、東レ→販売元（大問屋）→問屋→小売店という多段階の流通経路でした。ところが、当時、小売レベルで大変革が起きていたのです。釣具大型量販店の台頭で、そのシェアは店の数では5％でしたが、扱い高では60％を占めるに至っていたのです。

そこで、私は着任と同時に、

「この状況から考えて、在任中の最重要課題は釣り糸の流通経路の改革である」

と考えました。そして、

「おそらく、私の任期は2年だろうから、東レから直接大型量販店に販売する新流通経路を2年間で構築しよう」

と決めたのです。

2年というデッドラインを設定して自分を追い込み、遮二無二この改革を遂行していったのです。その結果、1年10か月で新しいサプライチェーンの構築にこぎ着けました。その2か月後、予想どおり私は別の部署に異動することになりましたので、まさにギリギリでこのプロジェクトを成功させることができたのです。

もしも、私が**「在任中に何を成すか」を決めずにいたら、こんな仕事は絶対にできなかった**でしょう。

君も、常にタイムリミットを意識するようにしてください。

10 細かいことは部下に教われ

——課長は大きな流れを決める

「在任中に何を成すか」を決めるためには、現場で起こっている事実を知り尽くさなければなりません。

しかし、はじめての部署で課長になった君は、現場のことはまったくわからないでしょう。

私が営業課長になったときもそうでした。このとき私は、入社以来はじめて営業担当になったのです。ですから、専門知識はまったくのゼロ。圧倒的に部下のほうが上でした。課長である私は、一から十まで教えを乞う立場だったのです。

だけど、私はそのことにまったく抵抗を感じませんでした。すべての部下に丁寧に接して、謙虚に教えてもらいました。わからなければ、何度でも聞きました。

当たり前のことです。今、現場で何が起こっていて、何が問題なのかを正確につかまなければ、仕事が始まらないからです。**「俺は課長なんだ」などといったつまらないプライドのためにきちんと教えを乞わなければ、間違いなく誤った判断をする**ことになるでしょう。

私が、こうしたことに抵抗感をもたなかったのは、30歳になったころから、**「後輩であっても、その人が担当する分野については自分にはかなわないアドバンテージがある」**と考えていたからです。だから、先輩、後輩を問わず相手の名前を「○○さん」と呼んできました。逆に、相手が先輩であっても私が担当する仕事については、私の方が一歩先をいっているという考え方です。つまり、仕事については年齢や序列の差はあまり関係がないと考えていたのです。

こうした私の考え方は一部の人には奇異にうつったようです。たしかに、課長の私が入社したばかりの石田君を「石田さん」と呼ぶのは何か変ですよね。しかし、入社3年も経てば、皆それぞれ一人前です。だから、そのころには、君のことも職場では「石田さん」と呼んでいたはずです。

「たかが、名前の呼び方」と思うかもしれません。だけど、常日ごろこういうことを実践していると、くだらないプライドに悩まされることはありません。

とはいえ、当時の私のようにその分野での経験の浅い上司を馬鹿にする部下というのはいるものです。まぁ、面白くはないですよね。

しかしね、そういう部下は、組織とか権限とか人間性にうとい未熟な人で、組織の中で成功する確率は極めて低い。だから、意に介さないことです。そして、気持ちのうえで一段上にたって、かつ謙虚に教えを乞えばいいのです。

こうして、問題の背景や事実関係が明確になってくれれば、一定の結論と解決策はおのずと見えてきます。私の場合であれば、「釣り糸の流通経路に問題がある」と明確になれば、「成すべきこと」の選択肢はかなり絞り込まれるのです。「何が事実か」を正しくつかめば、それほど間違った結論は出てきません。**会社で起こっていることの解決策というのは、たいていは「常識」で判断できる**ものだからです。

ここまで来たら、後は課長が毅然として結論を出すことです。そのときには、部下が難色を示したとしても勇気をもって決断する強さが必要です。もちろん、部下の意見には真摯に耳を傾ける必要があります。批判的な意見が、君の判断を磨き上げることもあるのです。しかし、あくまで最終決断を下すのは君です。

課長はリーダーです。部下の仕事の方向や目標を設定する権限がありますし、部下の評価と異動を決定するという武器ももっています。部下が君をどう評価しようと、課長としての君は絶対的優位な立場にあります。部下はそのことをよく知ってますよ。

だから、**細かい知識などは、虚心坦懐に部下に聞くとして、大きな流れについては君が判断し、指示する**のです。その決断の一つひとつを自信をもって行使すればいいのです。

時間はそんなにかけられません。普通、1か月もあれば新しい職場の問題は完全に把握できます。遅くとも着任2か月以内に、君の「在任中に成すべきこと」を明確にして、課員全員に明示するように。課長の本当の仕事が始まるのは、それからです。

11 大目標をブレークダウンする

——そして、課の業務を組み直せ

「在任中に成すべきこと」は明確になったでしょうか？
君のことだから、ちょっとハードルの高い目標設定をしたのではないですか？
そのくらいじゃないと、いい仕事はできませんよ。

さて、「成すべきこと」が決まったら、次はそれをブレークダウンしていかなければなりません。「2年で○○事業を立ち上げる」という大目標であれば、1年目には何をするか、今月は何をするか、今週は、今日は……、という具合です。
もちろん、計画どおりに進行しないケースがほとんどですから、その都度計画は修正しなければなりません。しかし、**計画をもたずに、成り行きに任せる仕事**

のやり方は、ときに決定的なロスが生じます。

一般社員であれば、生じたロスを自分の力でリカバーできるかもしれません。しかし、君は課長です。君に計画性がないために、部下に負担をかけるようなことがあれば信頼関係は壊れてしまうでしょう。だから、どういうプロセスで仕事を成功にもっていくのか、具体的かつ明確なイメージを早く構築してください。

ここで必ず出てくるのが、**課の業務のなかでプライオリティをつけなければならない**という問題です。たとえば、「2年で○○事業を立ち上げる」のであれば、それは新規事業ですよね？　当然、従来の課の仕事にプラスアルファが生じるわけです。これまでどおりの業務のあり方では、こなせるはずがありません。新規事業までいかなくとも、何らかの「成すべきこと」を達成するには、課全体の仕事のやり方を変えなければならないはずです。

そこで、業務別にプライオリティをつけ、重要度の低い仕事はやめるか、やるとしても達成度を6割とか8割の水準で完成させるという調整が必要になります。

「パレートの法則」という言葉があります。「国の富の8割は2割の人に帰属する」といった「8割2割の法則」のことですが、私は「仕事のパレートの法則」もあると考えています。つまり、「重要な仕事の2割をやれば、全体の仕事の8割が達成できる」ということです。2割の重要な仕事に、もてる資源を振り向けていくのです。

ポイントは、「今、その課にとって〝重要なこと〟は何か？」ということです。君は、課の最重要課題として「成すべきこと」を決めたはずです。であれば、それが「重要なこと」です。だから、それを軸に課の業務を組み直していく必要があるのです。

場合によっては、**従来の仕事を「捨てる」ことも恐れてはなりません。**

ところが、ここを勘違いしている課長がたくさんいます。

たとえば、「新規事業を立ち上げたいので、人員を増やしてください」と要求したくなるでしょう？　まぁ、そこまではよしとしましょう。しかし、会社全体の人事政策や諸般の事情があって、必ずしもそのようにできないことがあります。

というか、昨今の経済情勢のなかでは、すんなり認められることのほうが少ないです。

しかし、そこで、一部の課長さんたちはこう考えます。

「だったら、新規事業などできない」

この発想法をとっている限り、課長としてよい仕事を成すことはできないでしょう。

そのような課長は、こう考えているのです。

「会社は社員が戦う武器をすべて用意しなければならない」

もちろん、経営はそのために最大限の努力をしなければなりません。しかし、私の会社員人生を振り返ってみても、戦うための武器をすべて与えられたなどという経験はありません。そういうものなのです。

課長はその課の責任者＝Managerです。こんなときにこそ、マネジャーとしての手腕が問われるのです。つまり、業務のプライオリティをつけて、しかるべき形に組み直すのです。

こう言ってもいいでしょう。

「会社は武器をすべて用意すべきだ」と考えている人は「他責」の人なのです。こういう人は、「武器を与えてくれない会社が悪い」「結果を出してくれない部下が悪い」という考え方をします。これでは、課長職は務まりません。

課長たるもの「自責」の発想をしなければなりません。与えられた条件のなかで、「では、何をすべきか？」と知恵を絞って、自らの力を頼って実行していくのです。

仕事は常に工夫と改善の連続です。**流れに流されていては真のマネジャーにはなれません。**自分の力で流れに棹《さお》さすくらいの気概が欠かせないのです。

このことを肝に銘じてください。

12

部下の仕事に手をつっこむ

――君は仕事の発注者だ

課長とは、社内で唯一、部下の仕事に手をつっこむことができる職位です。

顧客訪問をしようとしている営業スタッフに、「AとBの顧客を回るように」とか「午前中に3件回れ」などと具体的な指示をすることができます。あるいは、報告書を書いてきた部下に「もっと簡潔に表現しなさい」とか「重要な課題が抜けている」といった細かい指摘もできます。

部長や担当役員、社長にはこれができません。そのような地位の人たちができるのは、「考え方」「経営方針」の伝達です。ここが、課長の大きな特徴のひとつなのです。

ところが、これをやらない課長が多い。「A君、これをやっといてくれ」で済ませてしまう。**その業務の完成度も伝えなければ、納期も設定しない。**そういうことはすべて部下が決めてしまいます。しかし、このようなやり方で、仕事が効率的になるわけがありませんし、君が設定した「成すべきこと」を実現するなど不可能です。

もちろん、やみくもに手をつっこめばいいわけではありません。一本スジの通ったやり方が必要です。

私のやり方を紹介しましょう。

私は課長になると、必ず過去1年間、部下がどんな仕事を何日かけて実行したかということを分析しました。昨年度の「業務報告書」をもとに、すべての担当者がどのような仕事をどのくらいの時間をかけてやったのかを調べ上げたのです。すると、いろんなことが見えてきます。

比較的重要でない業務に膨大な時間をかけた人もいれば、重要な業務をやりかけて途中で止《や》めてしまった人もいました。さまざまなところで大きなロスがありました。

そこで、私はそれぞれの業務を何日間でやるべきなのかを判定していきました。**業務ごとに重要度のランキングをつける**のです。たとえば5段階方式にして、最重要業務は「5」、最も軽い業務は「1」と評価します。君もやってごらんなさい。ほとんどの業務は「3」か「2」ですよ。それを、生真面目にすべて100%の完成度でやる必要はないのです。

私は常々、一般の会社の業務で真に重要な仕事は20%くらいのものだと言っていますが、このような〝業務仕分け〟をすれば、それを実感できますよ。「5」の業務なんてほとんどありませんから。「5」「4」の仕事に力を集中して、「3」以下の仕事はそれなりの完成度でやればいい。むしろ〝拙速〟を尊ぶのです。

このように業務ごとのプライオリティを明確にしたうえで、部下に、業務を始める前に「計画書」を提出させることにしました。「やるべき業務の選定」「完成度」「納期」などについて計画を立てさせるのです。私はそれをチェックして、「この仕事はしなくてもいい」とか「君は3週間でやると言っているが、1週間でやりなさい」などと修正していったのです。つまり、「デッドラインを決めて追い込む」のです。もちろん、部下の言い分も聞きます。そして、お互いに納得したうえで業務をスタートさせるのです。

おおげさに言えば、**私は部下に仕事を発注し、部下は私から仕事を受注する**という方式です。

私の経験では、こうした取り組みで、3割は業務を効率化できます。その分を、「成すべきこと」に振り向ければいいのです。

現在、私は社長ですが、このやり方をさらに進化させた「仕事ダイエットプロジェクト」を社員全員に実行してもらいました。

社員は、毎週、この1週間のうちにやる業務と所要計画時間の一覧表を完成させます。そして、1週間後にその業務にかかった時間を記入させ計画との対比表をつくって、その差異を分析するのです。

こういうのは、社員はみなイヤがります。「好きなようにやらせてほしい」「そんな計画を立てるなんて時間のロスだ」というわけです。

だけど実際にやってみると、残業時間の激減につながりました。反対した社員たちもその効果を実感したはずです。

■仕事ダイエットプロジェクト

❶部下が１週間の業務内容と所要時間をまとめた計画書を作成する

↓ １週間後

❷実際にかかった時間を記入し、計画と対比

↓

❸仕事の予測能力の向上
＋
プライオリティ設定の習慣化

↓

仕事のスピード50％UP

最初は計画書をつくるのに手間取っていた人も、慣れると短時間で作成することができるようになります。そして、「仕事の予測能力の向上」と「プライオリティ設定の習慣化」につながり、仕事のスピードが50％も上がるようになるのです。

しかも、**上司と部下が、その業務の重要度、納期を議論することによって、部下はその業務が会社や課にとってどれほどのものなのかを認識できるようになります。**そして、本当に大事な業務は何なのかがみえてくるようになるのです。

ひとつだけ言い添えておかなければなりません。

「礼儀」をもって、手をつっこまなければならないということです。だれだって、自分がやっている仕事について「これは、重要な仕事ではないから、もっと適当にやってくれてかまわない」などと言われたら、やる気を失います。だから、「君には、もっと大事な仕事に力を注いでほしいから、この仕事はもう少し簡単に済ませても構わない」などと言い方に工夫をする必要があります。

第3章

部下を動かす

13 君は、部下の人生にコミットする

——手塩にかけて育てなさい

課長は、部下を育てなければなりません。

「部下を育てる」とは、その人がもっている（本人もひょっとしたら気づいていない）能力を見出し、伸ばして、組織の業績に貢献させ、本人に自信と実力を付けさせ、周囲に信頼の足跡を残すことです。

通常、部下は君よりも若い。つまり、発展途上にある人間です。若いということは、これからいろいろ変わるということ。そんな重要な時期に、君は課長として彼らと朝から晩まで一緒に働くのです。彼らは、君という人間をみて育ちます。そして、君の指導を受けます。つまり、**君は部下の成長にコミットする力をもっている、ひとりの人間の人生を変える力をもっている**ということなのです。

だから、これは大事業です。生半可な気持ちでできる仕事ではありません。当然、この仕事は難しい。

一人ひとりの部下の仕事にコミットし、指導し、フォローするのは手のかかることだからです。それぞれ力量もやる気も性格もバラバラな部下に対して、きめ細かく対応していくのは骨の折れることです。ついつい課長が部下の仕事までやってしまったり、できる部下に重要な仕事を集中させてしまったりしがちです。

しかし、それは課長の最高の喜びを自ら手放しているようなものです。

あれこれ面倒をみた部下が成長していく姿をみることほど嬉しいことはありません。こんな素晴らしいことを、君は会社から給料をもらいながら経験することができるのです。

もっといいことがあります。**その部下は、君のことを好きになります。ひょっとしたら、尊敬してくれるかもしれません。そして、一生の付き合いに発展していくのです。**

だから、君には少々面倒であっても、部下を手塩にかけて育ててほしい。

ただ、これはあくまで一般論です。実際には、なかなかこれがうまくいかない。というのは、一般の会社の仕事はたいてい平凡なものだからです。その人でなければできないというほど重要かつ難しい仕事というのは、そうそうあるものではありません。そのため、部下の成長意欲を引き出すのが難しいのです。

そこで課長は、たとえ平凡な仕事であっても、**その仕事が「何のためにあるのか」ということを明確に示してあげる**ことが重要です。課の仕事のなかでどういう位置付けにあるのか、会社全体のなかでどういう位置付けにあるのか、さらには社会のなかでどういう位置付けにあるのかを示してあげるのです。

人は誰でも、誰かの役に立ちたい、社会の役に立ちたいという根源的な欲求をもっています。そして、この欲求が満たされたときに、人はその仕事に努力を集中させることができるのです。

だから、課長は、部下が仕事を始める前に、何のための仕事なのかを明らかにしたうえで、どこまでやればいいのか、つまり「仕事のゴール（目標）」をきちんと設定させなければなりません。これをやっておかないと、部下は達成感を感じることもできませんし、仕事が不首尾に終わったときに的確に反省することもできません。

部下にやりがいを与えてあげるのは、課長の大事な仕事なのです。

14 部下は与えられたもの

——全員の戦力を最大に高めよ

部下は与えられるものです。その与えられた戦力を最大限高めるのが課長の仕事です。

君の課には部下が10人いるそうですが、どんな資質や性格をもっているでしょうか？　きっと君のように仕事に前向きでよくできる課員がふたりくらいはいるでしょう。反対に、あまり仕事に熱意をもっていない雰囲気の課員もふたりくらいいるでしょう。あとの人たちはその中間くらいかな。どんな集団でも約2割の秀れ者（働き者）と2割の落ちこぼれがいるといいます。課長は、この集団全体の能力を高め、結果を極大化させなければならないのです。

ところが、これを勘違いする課長がいます。つまり、秀れ者のふたりの部下をフルに使って、成果を出そうとするのです。しかし、チーム全体の底上げがされていないので、それほど大きな成果を出すことはできません。

むしろ、優秀なふたりに仕事が集中することを避けるように業務配分を調整することが大切です。そして、**粘り強く指導することによって、仕事の遅い人、要領の悪い人の効率を上げることでチーム全体の仕事の成果を上げる**ことが肝心です。多少の手間ひまはかかりますが、全体の底上げは必ずできるのです。

とはいえ、課長が直接指導しようとすると、部下が10人もいたらなかなか手が回らないでしょう。そんなときには、仕事のできる2〜3人を教育係にして、彼らに教育というミッションを与えて指導させればいいのです。

そもそも、人間の能力にはそれほど大きな差があるわけではありません。それに、部下たちは、仮にも入社試験をパスした人たちです。その能力の差など100mを14秒で走るか16秒で走るか程度の差でしかないのではありませんか？　私はかつて、アジアのある地域で働いている人たちをみたとき、日本人より少しスローだなと思ったことがあります。言ってみれば、100mを20秒くらいで走る感覚でした。それでも、目くじらをたてるほどの差ではありません。

一般の会社での現場業務というのは、凡人にできないほど難しいものはほとんどありません。おおかたの業務は、ちょっと頭を使えば誰でもできる程度のものだと思います。その程度のものなのに、「あいつはできる、こいつはできない」などと評価をつけたがるのは何かおかしいですね。たしかに、業務のできばえで若干の差が出ることはあるでしょうが、会社の方向を間違えるほど大きな差ではないのです。にもかかわらず、そのわずかな差を取り上げて、あれこれ言うのはあまり意味のあることとは思えません。

むしろ、重要なのは個々人のモチベーションを高めることです。**仕事の結果に差をもたらすのは、能力というよりは熱意**だからです。

優秀なふたりにばかり重要な仕事を与えているようでは、他のメンバーは熱意を失ってしまうでしょう。そういうマネジメントの仕方では、長期的にみて強いチームをつくることにはつながらないのです。

15 部下の自己実現を応援しなさい

――人はパンのみにて生きるにあらず

人間というものは、程度の差はあれ、自分の能力をもっとアップさせよう、さらに自分を磨いていこうという強い欲求をもっています。

マズローの欲求5段階説を知っているでしょう。人間の欲求を原始的なものから並べて、第1段階は生理的欲求、第2段階は安全の欲求、第3段階は社会的欲求、第4段階は自我の欲求、そして第5段階は自己実現欲求としています。

私にとって、仕事とは第5段階の「自己実現欲求」を満たすためのものでした。そして、この欲求を満たすことができたからこそ、家族の苦難を乗り越えることができたと思っています。

私は、家族の障害と病気という問題を抱えていましたので、仕事と家庭の両立に腐心してきました。私にとって家族はもちろん大事ですが、同時に仕事も重要な位置付けにありました。なぜなら、仕事はその結果が形になって表れるからです。「これは俺がつくった工場」「あれは俺が構築したシステム」などと自分が投入した努力が形として残るのです。

私のように自己実現欲求の強い人間には、これが面白くて仕方がないのです。もちろん、仕事を成就させる過程では、多くの困難やつらいことがありますが、それが**完成したときの喜びはなにものにも代えがたいものがあります。**険しい山を登頂したときの達成感や幸福感みたいなものです。

私が、自分の半生記として書いた『ビッグツリー』（WAVE出版）という本には、「私は仕事も家族も決してあきらめない」という副題がついています。でも実は、これは必ずしも正しい表現ではありません。なぜかというと、家族の問題で苦しんでいるときに私を支えてくれたのは仕事だったからです。仕事の達成感・充実感が私を支えてくれていたのです。

こんなに楽しいことが会社でできるのですから、帰宅したらモードを切り替えて家族のためにがんばろうという気になれたのです。

『ビッグツリー』を読んで、「あんなに家族が大変なのだから、仕事をやめて家族のために全力を尽くすべきだ」との苦言を寄せていただいた方が何人かいらっしゃいました。しかし、もしも仕事をやめて家族のために朝から晩まで家にいたら、気が狂っていたかもしれません。

こうした経験をしてきた私は、「仕事」というものの奥深い力を感じずにはいられません。

何のために仕事をするのか――。

人によっていろんな考え方があるでしょう。

ただ、私は、仕事にやりがいを感じることで、厳しい人生を生き抜く力を得られるのだと思います。だから、部下にも仕事を通じて自己実現を果たしてほしいと願い続けてきました。**部下一人ひとりが会社のなかで、「これを成し遂げたい」という志をもつことを奨励し、その実現のために叱咤激励してきたのです。**

なかには、部下をコマのように考えて使う課長もいます。しかし、それでは本当のチーム力は形成されません。

部下一人ひとりが熱い情熱をもって仕事に取り組むようになって、その総力として強いチームができるのです。

だから、君にも部下の自己実現を大切にしてもらいたいと思います。

16 はっきりと言葉にする

――「あうんの呼吸」が仕事をダメにする

初めのうちは、思うように部下が動いてくれずもどかしいものです。そんなときは、部下のことをとやかく言う前に、自分のコミュニケーションの仕方を振り返ってみることをお勧めします。

私は、日本の企業の生産性が低い大きな理由のひとつが、コミュニケーション力の低さであると思っています。

会社の仕事には、自分ひとりでやる「業務処理」と、チームでやる「情報処理」とがあります。仕事の内容にもよりますが、平均するとこの業務処理と情報処理の比率は4：6といったところではないかと考えています。つまりひとりでやる仕事よりチームでやる仕事の方が多いのです。

ところが、日本人はどうも「チームでやる仕事」がうまくない。

チームで仕事に着手するときには、**「何のために」「いつまでに」「どの程度まで」「誰と誰がするか」ということをしっかりと決めておかなくてはならない**のですが、多くの場合それが不十分なまま仕事をスタートさせてしまうのです。

特に、大きなプロジェクトを動かすときに、このすり合わせをして、チームでしっかり共有されていないと、膨大なロスが生じてしまいます。そのためには、かなり高度なコミュニケーション能力が求められます。

ところが、ほとんどの日本人が、学校でも会社でも、コミュニケーションの仕方を学習した経験がありません。なんとなく、「あうんの呼吸」「以心伝心」「暗黙知」などの言葉でごまかしてしまうのです。「わかっているはず」という前提で仕事をスタートしてしまうわけです。

しかも、具体的な作業に入ってからも、区切り区切りで進捗《しんちょく》状況を確認したり、状況変化にあわせて路線を変更したりすることもあまりしません。

その結果、部下は自分の思い込みで、上司が指示したつもりのこととは違う仕事を始めてしまいます。上司は「簡単に仕上げてくれ」と思っているのに、その3倍の時間をかけ、要求以上の仕事をしたりします。あるいは、「この仕事はほぼパーフェクトに仕上げてほしい」と思っているのに手を抜く。そして、上司は「なんで、俺の言っていることがわからないんだ?」などとイライラしたりするのです。これでは、まともな仕事はできませんよね?

こんなことにならないように、何事も言葉でしっかりと伝えるとともに、相手の話をしっかりと聞く努力をすべきです。**「まぁ、わかってくれるだろう」とか「聞かなくてもわかるよ」などという考えは捨て去ってください。**

上司は、「自分の考え方」「プロジェクトの方向性」「必要なデータ」など、仕事の指示を明確な言葉で、あるいは文書で伝達することを徹底しなければなりません。

また、**ほとんどの部下は、上司のやり方を快く思わなかったり、自分ならこうするのにと不満を感じても、黙っているものです。**それで、上司は皆、部下も納得したものと勘違いしやすいのです。これでは、部下のモチベーションも上がりませんし、仕事の改善にもつながりません。

だから、部下の意見もきちんと聞いたうえで、仕事にとりかかるようにするのです。


家族でさえ、そうです。

家族なら黙っていてもお互い理解しあえると思ったら大きな間違いです。話をしたつもりでも、実はわかり合えていないものなのです。

私は、『ビッグツリー』を書いたとき、このことを思い知らされました。昔のことを思い出そうと思って、妻や子どもたちに、「あのとき、どうだった?」「どんなことを考えてた?」と尋ねたのです。すると、私が思いもよらないことを考えていたことがわかりました。皆の話をじっくり聞くことで、その当時の家族の状況を正しく理解することができたのです。

このように、きちんと話をしなければ家族でさえ理解し合うことはできないのです。

ですから、ビジネスにおいて「以心伝心」を期待するなど愚の骨頂です。

西欧諸国のサラリーマンが定時に帰って、家族と夕食をとっているのに、多くの日本人にはそれができないのはなぜでしょうか？　日本人のＩＱが低いからではないと思います。

西欧人は、チームのなかでお互いの考え方や目標をきちんと確認してから動き出すために、ムダなことをしないで済んでいるのです。

黙って仕事をするのではなく、仕事の前に明確な言葉で確認し、相手の意見を聞く。そして、ある程度業務が進んだところでその仕事を確認する。**要所要所で念入りにコミュニケーションをとる手間をかけることで、ロスは大幅に減るのです。**

17 家庭の事情もオープンにする

——自分の周りに垣根をつくらない

課長は、課を構成する部下全員の力を最大限に発揮させ、全体として最高のパフォーマンスを上げることが求められます。

そのためには、部下全員との「信頼関係」が欠かせません。人間的な関係性を築き上げる必要があるのです。

私が課長のころは、春と秋に2度、部下一人ひとりと2時間ずつ面接の時間をとっていましたが、そのときに仕事のことだけではなく、プライベートのことも含めてじっくりと話し合ったものです。

そのとき、私は妻の病気や長男の自閉症など家族の事情について、包み隠さず話しました。すると、皆、驚いた顔をしながらも、「そうなんですか、実は自分の父も持病をもってまして」とか、「隣の課の○○さんのお子さんはダウン症だそうです」などといった話をしてくれます。**私が自分の悩みをさらけ出すことで、部下は自分や周りの人の抱えている悩みなども話しやすくなる**のです。それに、その人のことを心から心配して、何かあったら手を差し伸べたいという気持ちが伝われば、相手はいろいろ打ち明けてくれるものです。

部下が、会社のなかでのびのびと100%の力を出し切るためには、プライベートが健全で悩みが少ないことがとても大切です。

誰でも、何がしかの悩みを抱えているものです。そのことに耳を傾けるだけでも、肩の荷が少しは軽くなることもあるでしょうし、場合によってはアドバイスをすることができるかもしれません。また、何かが起こったときには、手助けができるかもしれません。

こんなこともありました。

君の隣に座っていた木村さんが、自分の弟の友だちと恋愛関係になって悩み、そのことを面接のときに私に相談をしたのです。

私は、「貴女が年上であることなんか関係ないよ。要はその人がどんな人であるかが大切なのだから、貴女が信頼できる人なら前に進みなさい」といって励ましたものです。

その彼女から、今年も年賀状をいただきました。そこには、「彼と一緒になって本当によかった。あのときの佐々木課長の後押しがなければ、今の私の幸せはありません」と書かれていました。

親にも相談できないことを会社の上司に相談するというのは、ある意味ではイレギュラーなことかもしれません。ですが、**私はいつも自分のチームの人たちを、いわば家族だと思っています。**だって、1日のうち家族よりも長い時間を過ごす仲間ですよ。家族の幸せを願わない父や兄はいません。それに、会社の家族は真の家族でない分、それだけ客観的意見を言ったりできるものです。

もちろん、自分の弱点を人にさらすというのは普通の人にはなかなかできないものです。

だから、無理に君にそうしなさいとは言いません。

しかし、**人というものは、自分の抱えている問題を平然と受け止めて、当たり前のように処する人に共感するもの**です。

私は基本的に「運命を引き受けよう」という考え方をもっています。

6歳のときに父を亡くしたこと、大学受験に失敗したこと、東レという会社に入ったこと、妻と出会って結婚したこと、自閉症の子が生まれたこと、こういった出会いや選択は私の人生の運命なのだと思っています。これらすべてを自分に与えられた運命として引き受けていかなくてはならないと感じています。苦難が訪れたとしても、**「それがどうした」と平然として生き抜くしかない**のです。

ですから、自分の弱いところを部下にさらけ出しても私は平気でしたし、部下もそういった私を受け止めてくれました。

肩肘張らずに自然体で生きる姿は、人をほっとさせますし、この人と何かを話してみたい、一緒に仕事をしてみたいと思わせるものです。第一、自分が楽になります。

私は**自分の周りにあまり垣根をつくらない人のほうが、他者と共生しやすい**ような気がします。

もし、課長がそのようにふるまうことができれば、部下はずいぶんと仕事がしやすいのではないでしょうか。

18 褒めるが8割、叱るが2割
——大事なのは「本気」であること

部下は叱ったほうがよいのか、褒めたほうがよいのか——。

これは、課長であるその人の性格によって選択されるものだと思います。すぐ叱る人もいれば、すぐ褒める人もいます。どっちがよいといっても、性格は一朝一夕には変わらないものです。だから、必ずしも正解があるわけではないと思います。


私自身は、褒めることを基本にしてきました。

ある実験結果があります。部下を叱って仕事をさせたチーム、部下を褒めたチーム、叱りも褒めもしないチーム、この3つのチームの作業の結果をフォローしたのです。すると、最初は叱ったチームの成果が一番になりましたが、最終的には褒められたチームが一番になりました。**叱ったチームは、最初は緊張してがんばるので成果が出るのですが、叱ってばかりいるのでモチベーションが下がって長続きしないということのようです。**ちなみに、最悪だったのは、何も言わなかったチームだったそうです。

仕事の成果にはさまざまな要因が絡みますので、私はこの実験結果を鵜呑みにはしませんが、ひとつの示唆を与えてくれると思います。

人間はやはり褒められると元気が出て、「次もやるぞ」という気持ちになるものです。子どもをみてください。学校の成績が前より少しよくなったとき「よくがんばったね。君の努力の結果だね」と言えば、どんな子どもだって喜んで、勉強に前向きになるものです。

ただ、人間の悲しい側面ですが、だれだって褒めてばかりいると、高慢になったり、反省しなくなったり、自分の実力を過信したりする傾向が出てくるものです。ですから、私は部下に対するときには、「8割褒めて、2割叱る」を心がけています。**ときに叱るということは緊張感を失わせないためにも必要なこと**なのです。

でも、世の中というのはさまざまです。君もよく知っているこの会社のあの偉い方ですが、あの人は人を褒めることがないんです。もちろん、時には褒めることもありますが、めったにない。ほとんど叱りっぱなしです。どこへ行っても誰かをつかまえて怒ってばかり、叱ってばかり。「9割叱って、1割褒める」ような感じでしょうか。

しかし、そうなると周りはそれに慣れてくるのですね。叱られてもそれが当たり前のことと感じてしまうのです。それで、たまに褒められると飛び上がって喜んでしまう。こういう形で、部下の力を引き出す人もいるのです。

だから、「8割褒めて、2割叱る」のが正解だという気はさらさらありません。**結局のところ、部下とは「自己流」でやっていくしかない**のです。むしろ、ムリして褒めるようなことをしても無意味です。形だけ「8割褒めて、2割叱る」をなぞったところで何の効果もありません。

要するに、**褒めるも叱るも本気でなければダメ**ということです。「部下の成長を最大限に引き出す」「仕事できちんとした成果を出す」という君の志や心の持ち方が大事です。その座標軸がしっかりしていれば、叱ろうが褒めようが部下はついてくるのです。


ところで、部下にもいろんな人がいます。打たれ強い人もいれば、繊細な人もいます。そこで問題になるのが、人によって叱り方を変えるべきなのかどうかということです。

なかには「どの部下も同様に扱うべき」という考え方の人もいますが、私はそうは思いません。

人はさまざまですから、その人に応じたやり方をとったほうがいいと思うからです。君に子どもが2~3人いたとして、その子どもたちにまったく同じような対応をしますか？　しないでしょう。気が弱くすぐに落ち込んでしまう子にはそれなりに、やんちゃで少々叱られてもびくともしない子にはガツンと叱るでしょう。

あるいは、自分の上司や先輩にどんな対応をしているか思い出してください。細かいことにこだわる人には細かく対応し、大雑把で小さいことにこだわらない人にはそれなりの対応をしているでしょう。友だちでも兄弟でも皆そうでしょう。その人の個性、性格、考え方、生き方を尊重して、その人に合った言動をしたほうが、何かと便利でやりやすいのです。

だから、**叱るときも、その人の性格に合わせていくべき**だと思います。

ただし、**〝えこひいき〟をしてはいけません。**

自分の気に入った部下にはやさしく、そうでない部下には厳しくするのはご法度です。そういう対応には周りの人がすぐに気付いて、君に対して不信感をもつようになります。叱るべきときには、誰に対しても叱る。ただし、その人の個性に合わせた叱り方を心がけるのです。

19 「人事評価」では自分を押し殺す

――己の価値観から離れてみる

課長にとって、人事評価は極めて重要な仕事です。正しい評価ができなければ、課長の最も大事なミッションである「部下の監督と成長」をまっとうすることができないからです。

人事評価は本来、給与・処遇の差をつけるために行うべきものではありません。そうではなく、**部下の現状を正しく評価することによって、これから身に付けなければならない能力・技術・人間力について自覚させるとともに、君が上司として指導するためのもの**です。ここを履き違えると、出発点で間違ってしまいます。

ところが、この「正しい評価」というのが結構難しいことです。

まず、人間には「好き、嫌い」があります。当然、君にも、好ましい部下や波長の合う部下がいる一方で、そりが合わない部下もいるはずです。

人によって違いはありますが、だいたい10人の部下がいれば、好きな部下が3人、嫌いな部下が3人、あとはどちらでもない人、というのが平均的な分布ではないでしょうか？

私の場合は、好きな部下7人、嫌いな部下ひとり、どちらでもない部下ふたりといった具合でした。

私は基本的に人が好きですし、相手の長所を見出して、その部分を評価することを心がけてきましたので、嫌いな部下というのはあまりいなかったのです。そのほうが、チームとして仕事をするうえで楽だということもあって、なるべくどんな部下でも好きになるように努力していたのです。

人を好きになるのも技術があります。君もぜひ、身につけて、ひとりでも多くの部下を好きになってもらいたいものです。そうすれば、人事評価でも過ちを犯すことが少なくなるでしょう。

しかし、評価を誤る要因は「好き、嫌い」だけではありません。人は誰でも、意識するしないは問わず、その人固有の人生観や評価の尺度をもっています。だから、その人生観や尺度に合わない言動をする部下に対して、ついつい悪い評価をつけてしまうものなのです。

これはなかなかやっかいなもので、「人間的には嫌いじゃないんだけど、あいつの言動には納得しかねる」というケースは結構あるものです。

私は、基本的に、その人がもっている人生観や仕事観に基づいて、その人らしく働けばいいと考えています。だから、課長である君も、自分の価値観をどんどん打ち出して普段の仕事はこなせばいいと思います。しかし、人を評価するときには、少しムリをしてでも、フェアな視点をもつように心がけたほうがいいでしょう。**君の主義・主張から一歩離れて、できるだけ客観的に、冷静に評価してみる**のです。

たとえば、君が「若いうちは、残業もいとわず泥のように働くべきだ」という価値観をもっていたとします。しかし、残業をしようとしない若い部下がいます。当然、君は面白くありません。しかし、もしも彼がやるべきことをやっているのであれば、君の価値観をわきにおいて、そのことを評価しなければなりません。君の評価が、彼の今後の会社人生を左右するのですから、慎重にも慎重を期すべきなのです。

ここからは、ややテクニカルな話です。

冷静に部下の評価を行ったうえで、いざ人事調査票に記入したり、上司や人事部あるいは周囲の人に対応するときには、その評価より**少し甘い評価をしてあげたほうがいい**でしょう。その人の実像以上によい評価をつけてあげるのです。

というのは、部下が昇格する時期がくると、その評価が大きく影響するからです。日ごろ厳しい評価をつけていると、他の部署との比較において劣勢となり、その部下を昇格させるのが難しくなります。人事部から「あなたがこんなに厳しい評価をしているのですから、彼の今回の昇格は見送りです」と言われてから、「いや、その部下は本当は優秀なんです」とか「なんとか昇格させてくれ」と言っても通じません。

部下本人には、君が冷静につけた本来の評価をもとに、厳しく対応したほうがいいのですが、昇格を視野に入れてしかるべき手を打っておくことは大事なことです。そのあたりのことは、部下にも知らせておいたほうがいいでしょう。部下にとってもそのほうがありがたいことは説明の必要はないでしょう。

ただし、その甘くつけた点数分については、君の指導によって必ず部下を成長させなければなりません。その覚悟がなければ、「社内で評価インフレが起こるのではないか?」という批判に応えることはできません。

20 部下の仕事を認めてあげなさい

――対話がモチベーションを上げる

私は、「仕事は結果」という考え方です。だから、成果に応じて多少の差をつけるのは当然のことだと考えています。ただ、極端に差をつけることは会社全体の活力にはつながらないと思います。

日本の社長は一般社員の約10倍の報酬で、アメリカは200～500倍と言われますが、そんな大きな差をつけるアメリカ方式を見習ってはなりません。

第一、多くの報酬を得た人たちが、そのためにますます働くようになることはありません。なぜなら、成果をあげる人はもともとたくさん働いているからです。むしろ、報酬を減らされた人たちのモラールダウンの弊害のほうがよほど大きいのです。

「仕事の成果は仕事で報いる」というのが私の考えです。私の経験からいっても、自己実現欲求を満たしてくれるスケールの大きな仕事や、やりがいのある難しい仕事を任されたときの喜びは大きいものです。ある仕事で成果を出した人には、このように仕事で報いるのが正しいと思います。

そもそも、多くの社員にはそれほど能力差があるわけではありません。誰もが認める優秀な部下は2割ほどで、あとはダンゴ状態。そういうメンバーが協力しあって課全体が機能していることを忘れてはならないのです。

以前、テレビドラマの「新撰組」を見ていたら、池田屋事件の終わった後、近藤勇が隊士への報奨金として長州の浪士をひとり切った隊士には十両、ふたり切った隊士には二十両与え、留守番をした隊士には無報酬とするシーンがありました。すると、留守番役の隊士が「今度事件があったら、何があっても留守番せずに切り込む」と口惜しがっていました。しかし、誰かが留守番をしなければならないのです。このような仕事の評価の仕方には問題があると言わざるをえません。

人事評価には高度なバランス感覚が求められるのです。

ところが、世の中には問題のある人事評価制度も流布しているようです。たとえば、相対評価で、A評価は課員の2割、B・C評価はそれぞれ3割ずつ、D評価は2割と定めるようなケースです。現場の課長にすれば、A評価の2割はすぐに決められたとしても、それ以外の課員の仕事ぶりはダンゴ状態なので、なんらかの根拠をもって差をつけるのが難しい。

こんなときには、会社の制度をバカ正直にやろうとするよりも、「どうすれば、課全体のモチベーションを下げないことができるか」「どうすれば、部下を育てることができるか」という観点から考えてみるべきです。たとえば、持ち回りにしてしまうのです。T君が昨年C評価なら、今年はBにする。かわりに昨年Bだった I 君をCにするといったやり方です。

多少、**おかしな制度でも、現場の運用次第でなんとか弊害を食い止めることはできる**のです。ここは課長の知恵の絞りどころです。

ただ、それだけではちょっと寂しい。人事制度に限らず、会社のなかにはおかしな制度や風潮があるものです。君がそう思ったときには、しかるべき時にしかるべき修正をすべく行動してほしい。もし、君の考えに賛同する人が何人か出てくれば、それは大きな力となって会社の改革につながる可能性があります。あるいは、君がもっと上位の職位に就いたとき、その制度を変えられる権限をもつ可能性がありますから、そのとき抜本的改革を実行したらいいですね。

私は一般社員のとき、「課長に昇格したら必ずやるべきこと、決してしないこと」をノートに書き留めておきました。というのは、「おかしい」と思っても、私の上司の課長にどうしても負けてしまうことが多かったからです。課長のときには「自分が部長になったときどうするか」、部長のときには「取締役になったとき何を打ち出すか」といつも考えてきました。

会社は、その組織を維持・発展させるためにさまざまな仕組みをビルトインしています。それは一朝一夕には変わらないものです。だけど、あきらめることなく、**「自分がしかるべきポジションに就いたら、絶対変革してやろう」というパッションをもち続けてください。**

少し話がそれましたね。人事評価に話を戻しましょう。

人事評価では、その人を「A」と評価するか「B」と評価するかなどということよりも大事なことがあります。それは、**君がひとりの人間として、部下の仕事を認めてあげる**ことです。

人は仕事を通じて何に生きがいを見出すかというと、もちろん報酬ではありません。報酬よりも、納得のいく仕事であり、自分が成長していくことが実感できる仕事であり、仕事の結果を正しく認めてもらうことです。そして、一般社員に対して、これらを与えることができるのは課長にほかならないのです。

私は年に2回、課員全員と2時間ほど面接をしていました（現在の人事評価面接のようなものです）。前半はプライベートなこと、後半は仕事のことについて話し合いました。このときに、部下が仕事に関して感じていることにじっくり耳を傾けたのです。部下が納得できないことがあれば、それに対する対策を考えました。至らない部分については指摘しましたが、同時に成長が感じられる部分については、そのことを直接伝えました。

こうした部下との対話で大事なことは、**「話すが2割、聞くが8割」**ということ。こちらからの意見や考えはなるべく抑えて、部下の話を聞くことが大切です。

言うまでもないことですが、**「対話とは聞くこと」**なのです。こうしたコミュニケーションをしっかりとっていれば、部下はきっとモチベーションをあげてくれるはずです。

部下の成長のためには、厳しく指導すると同時に、その仕事を認めてあげることが欠かせないのです。

21 やる気の落ちている部下がいたら

――焦らずじっくり話を聞きなさい

君の課には、やる気の感じられない30代前半の部下がいるそうですね？しばしば二日酔いで出社して、遅刻もする。急に休んだりすることも多い。君が何度注意しても、そのときは「わかってます。本当にすみません」と謝るけれども、しばらくすると元通り。困ったものです。

しかし、彼は20代のころは真面目に働いていて結果も出していたそうじゃないですか。ということは、もともと素行の悪い人ではないわけです。彼の環境に変化があったということだと思います。なんとか、立ち直ってもらいたいですね。

おそらく、今やるべきことは注意することではないでしょう。むしろ、君が何度注意しても態度が改まらないのは、**君の言葉を受け入れていない証拠**だととらえたほうがいい。彼のことを本気で心配して、成長してほしいと思っている気持ちがしっかり伝わっていないのです。

そのことを考えたうえで、一度、彼の話をゆっくり、のんびり聞いてあげることです。他の人が立ち入れない別室で、ふたりだけで話せる機会をつくってください。時間は少なくとも1時間はとったほうがいいでしょう。ふたりで一緒に早めの昼食をとって、昼休み以降に話し合ってもいいですし、夕方5時くらいから退社時間の6時過ぎくらいまでかけてもいいでしょう。仕事が終わってから、酒を飲みながら話すという方法もありますが、私の経験では酒の席というのは中途半端になりがちです。素面《しらふ》でじっくり向かいあうことをお勧めします。

このとき大事なことは、できるだけ話を聞いてあげるということです。おそらく、彼は人にはなかなか話せないような事情で、問題を抱えているのです。あまり焦らずにじっくり聞くことによって、徐々に心を開いてもらうことを心がけるべきです。**彼が心を開いてくれたら、君に信頼感を抱いてくれた証拠**ですから大きな収穫です。

そして、彼の抱えている問題がわかればしかるべき対応をとります。プライベートなことであれば、あなたなりのアドバイスを与えてもいいですし、両親や信頼する人に相談するように勧めてもいいでしょう。

仕事に関する問題なら、まさしく管理職である君の出番です。どこに不満を感じているのか、悩んでいるのか、事実を把握して改善の手を打たなければなりません。このときも、事実をしっかりつかむことが重要です。彼の話だけを真に受けるのではなく、いろんな角度から事実を見極めてください。


私が危惧するのは、彼がうつの兆候を示してるのではないかということです。部下のうつ病には十分に気を配ってください。

現在、日本のうつ病患者は４００万人とも５００万人とも言われます。非常に身近な病気になっているのです。

その原因はストレスです。社員数の減少によるひとり当たりの仕事量の増加、長時間労働の蔓延などストレス要因は社会に満ちあふれています。私も会社のなかでこれまでに、９人のうつ病の人に出会いました。そのうち６人を精神科に連れて行きました。

最近のうつ病治療は進んでいて、初期の段階であればふたりにひとりは薬で治ると言われています。ですから、できるだけ早く精神科に連れて行くことが大事です。

本人は、うつ病であることを認めたがらず、「そんなところへは行きたくありません」と抵抗されることもありますが、管理者として放っておいてはいけません。私は、妻がうつ病だったこともあり、そのつらさをわかっているつもりですし、偏見のようなものも一切もちあわせていません。だから、「身体が風邪をひくように心も風邪をひくのだから、風邪薬を飲みにいこう」といって通院を促したのです。

何より大切なのは、うつの兆候を早くみつけることです。だから、**常日ごろから部下のことを気にかけて、その言動を見守るように**。特に、面接するときには、部下の心を覗き込んでみてください。また、他の部下にその人の様子を聞いてみることも大事です。君が気づかなくても、部下同士の会話から気づくこともありますから。

もし、うつ病に関する知識がなければ、最近ではどこの会社にも備えてある「メンタルヘルスの手引き」や書店においている関連図書に目を通しておくことをお勧めします。知識がないばかりに誤った対応をして、相手をより追いつめてしまうこともあるからです。

大きな会社であれば、産業医がいるのでいつでも相談に乗ってくれます。私の場合には、何度も通っているうちに担当の先生と仲良くなり、メンタルヘルスに関する知見をたくさん教えてもらうことができました。それが、職場を活性化させる参考にもなったのです。

22

異端児こそ大事にせよ

——ダイバーシティ・マネジメントのすすめ

君の課には〝異端児〟がいるそうですね。

人付き合いが苦手で、ときどき辛らつな発言をする。歯に衣着せぬ物言いが災いして、前任課長にも遠ざけられていたようで、職場のなかでも少し浮いてしまっている。ただ、その発言をよく聞いていると、なかなか鋭いことも言っている。

そういう部下をどう扱えばいいのか——。

〝異端児〟というほどではないにしても、少し変わった人というのは周りにたくさんいるものです。まず、**課長として肝に銘じなければならないのは、そういう人々も含めて、すべての課員の能力を発揮させる務めがあるということ**です。その意味で、君の前任課長はその部下に対して不適切な対応をとっていたように見受けられます。

たしかに、トップが「これでいこう」と決めようとすると、全員が四の五の言わずに従うような、異論の出ないチームは効率はいい。課長としても、仕事はやりやすいでしょう。しかし、そのように**ひとつのカラーに統一しようとする圧力の働くチームというのは極めて脆弱**です。異質な考え方を受け入れない傾向があるために、選択肢を狭めてしまう危険性があるのです。

こうしたモノカルチャーの集団では、自由な質問が許されません。たとえば、その集団のやり方について素朴な疑問を口にしても、「そんなの当たり前じゃないか」という反応が返ってくるのです。しかし、それが本当に当たり前のことなのか疑わしいことがしばしばあります。その当たり前のことが、同質性の高い者ばかりに囲まれているために知らず知らずのうちに陥ってしまった「偏見」かもしれないのです。

モノカルチャーに相対する考え方がダイバーシティです。ダイバーシティとは

「多様性の受容」ということで、今、多くの先進企業が志向する経営戦略です。なぜそれが必要とされるのかおわかりですか？　それは、**異質な考え方の提案によって、組織の中にコンフリクト（対立）が起こり、既存の考え方の検証が行われ、それがイノベーションを起こす**からです。

従来、当たり前と考えられていたことに疑問が提示され、見直され、改善につながっていくのです。たとえば、業務改革や新製品開発などではこうしたコンフリクトがイノベーションを生み出すきっかけになるケースが非常に多い。コンフリクトを調整するために若干の手間ひまはかかりますが、結果的には組織を強化していくのです。

だから、**〝異端児〟はいかさなくては損**ですよ。その部下がいいアイデアを持っているのだったらなおさらです。そのためには、**君が「彼を認めている」ということを部下全員に「認めさせる」**ことです。さまざまな局面で彼の意見を聞き、彼のアイデアを採用してみてください。

彼は、自分を受け入れてくれる課長に対して好意をもち、感謝するはずです。

■ダイバーシティのすすめ

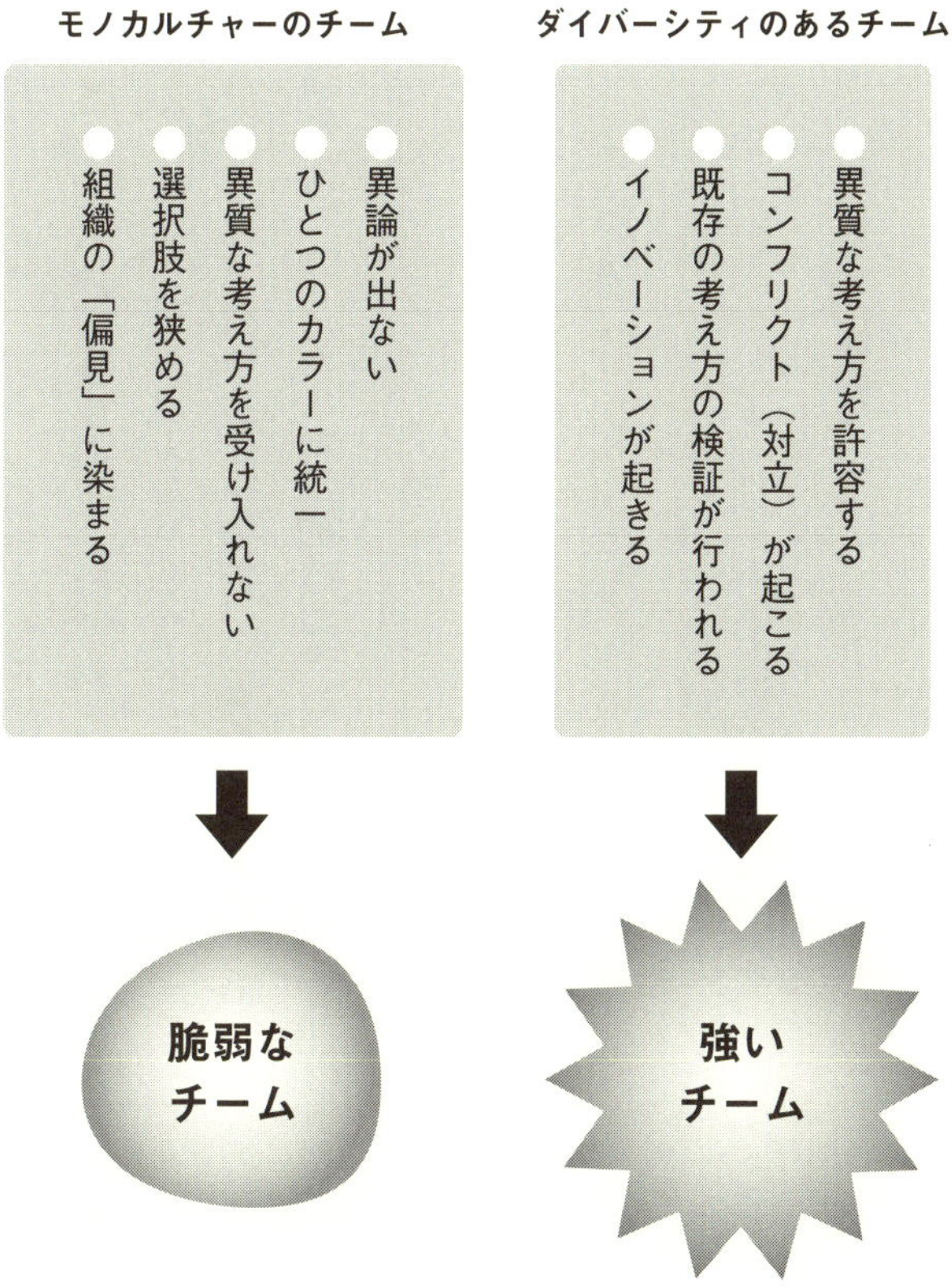
モノカルチャーのチーム
異論が出ない
ひとつのカラーに統一
異質な考え方を受け入れない
選択肢を狭める
組織の「偏見」に染まる
脆弱なチーム
ダイバーシティのあるチーム
異質な考え方を許容する
コンフリクト（対立）が起こる
既存の考え方の検証が行われる
イノベーションが起きる
強いチーム

そして、大いにモチベーションをあげるでしょう。

他の部下は、リーダーである課長が彼を認める以上、彼を認め始めるに違いありません。彼の物言いで多少のコンフリクトが起きるかもしれませんが、むしろそれを歓迎するくらいの気概をもってほしいですね。

モノカルチャーの組織は居心地がいいかもしれませんが、長期的には衰退します。**〝異端児〟をいかして、創造的なコンフリクトを生み出す課長になってください。**

23 信頼する部下が「退職」を願い出たら

――君の思いを真剣に伝えなさい

部下のことを真剣に考えている課長であれば、部下が「退職願い」をもってきたらショックを受けるものです。

それが、コツコツといい仕事をする部下ならなおさらですね。君の戸惑いもよくわかります。

その部下は今34歳。20代の時に大きなミスをやって、同期が主任や係長になったのにいまだにヒラ社員。その処遇に不満を募らせた彼が、退職を決意したということのようですね。

まず、君が確かめるべきなのは、彼の真意というか本気度です。ただ、すでに次の会社を決めているようですから、本気度は100％に近いようですね。だけど、私の経験では、本気度の高い場合でも、辞めたい理由を聞き、引き止めの説得をしたり、本人の希望に沿うように努力した結果、退職を見合わせるケースが半分以上ありました。だから、彼に退職してほしくなければ、精一杯のことをすべきです。

私が君に確認したいのは、今まで、処遇について彼とどのような話をして、どのような手を打ってきたのかということです。彼は自分の処遇に不満なのでしょう。そして、君もそう考えているのだとすれば、やるべきことははっきりしています。**彼の能力をもっともっとPRし、処遇を変えるべく周囲を説得する**ことです。これは、一朝一夕にできることではありません。部下のことを本気で考えているなら、ことがここに至るまでに、君がなんらかのアクションを起こすべきだったのです。

20代の若いときの失敗がその後もずっと尾を引くなんて、誰が考えてもおかしいではないですか？　課長には部下全員を守る務めがあります。そして、部下全員を成長させる義務があります。**不条理な人事運用がされていると考えるならば、それを改めさせなければなりません。**そうした君の行動はおそらく、周囲の多くの人たちが評価してくれると思います。その姿を彼が認めていれば、また違った行動をとったような気がしてなりません。

だから、今はとにかく、君が彼のことをどれだけ頼りにしていたかを語り、これから処遇についても会社に働きかけることを約束するなり本気で説得することです。

ただ、その努力も実らず、彼の気持ちを変えることができなかった場合には、笑顔で彼を送り出すしかないでしょう。彼が身を置くべき会社は何も、この会社だけと限ったわけではありません。世の中には、いくらでも会社はあります。彼がより納得して働ける場はあるはずなのです。

私は常々、部下に**「今いる会社が最終の職場ではない」**と語ってきました。私は入社以来、「もしこの会社が自分にとって成長の場ではない」と考えたときには辞めるつもりで過ごしてきました。これは、私の信条です。何も、転職を勧めているわけではありません。ただ、人によっては、会社や仕事が自分と合わずにやむを得ず会社を辞めることだってあります。そういう日のことも考えて、**「他の会社に転職しても通用するスキルを磨いておきなさい」**ということを伝えたかったのです。今いる会社にずっといられれば、それはそれでいいのです。

しかし、特別なスキルを身に付けておかなければ、辞めたくとも辞められないという状況に追い込まれてしまいます。それでは、あまりに不本意ではありませんか。

だから、不遇をかこちながらもコツコツと能力を磨いて、転職先を見つけることのできた彼を勇気づけて見送るという選択肢もあると思うのです。

しかし、多くの場合転職はうまくいかないものです。

不慣れな人間関係の中での仕事は大変ですし、同じ業種でも仕事の仕方が違いますのでどうしても苦労するでしょう。それに、ちょっとしたことで会社を辞める人は、次の職場でもちょっとしたことで辞めることが多い。転職は、人生において極めて重大な選択なのです。

だから、彼のことを本当に心配するならば、念にも念を入れて慰留するべきです。

長い人生のなかで、多少の処遇の不満など、実はそれほどの問題ではありません。むしろ、今、自分に与えられている仕事を運命だと考えて、全力を尽くすことこそがその人の幸せにつながることが多いのです。**私は、いつでも辞める覚悟をもっていましたが、与えられた仕事を自分の天命と考え、コツコツ全力で取り組んできました。**そのおかげで、この会社で一定の評価を得たものと感じています。

退職を決意した君の部下にも、ぜひ、このことを伝えてほしいと思います。

24 課長だからといって格好つけるな

――「一個の人間」と部下もわかっている

どうしても人というのは「立場」ができると、格好つけたくなるものです。部下からどう見られているかが気になったり、部下の前で無様な姿を見せられないと肩肘張ってしまったり……。

たとえば、部下の面前で上司に叱責されたときなど、メンツが潰れないように必死で抗弁してみたくなってしまいます。ですが、こういうのはほぼ間違いなく逆効果になります。

まず、納期に遅れたとか、資料にミスがあったといった、誰の目にも明らかなミスをしてしまった場合には、「申し訳ありませんでした。以後気を付けます」

と、すぐに丁寧に謝罪すべきです。それがたとえ君の部下のミスであっても、責任は君にあります。**絶対に、部下のせいにしてはなりません。**そのように素直に謝る態度をみて部下も上司も君を評価します。

また、明らかなミスというのではなく、ある仕事について部長の考え方と異なるために叱責を受けるというケースもあります。こういう場合は謝る必要はありませんが、「部長のおっしゃることはわかりました。部長の意見を踏まえてもう一度つくり直してみますので、お時間をください」などと局面を変えるような対応をするのがよいでしょう。

部長は君よりも経験があり、違った角度で問題をとらえている可能性がありますから、その意見に基づいてもう一度考え直すことは君の抱えている課題の解決に役立つかもしれません。それに上司の立場もありますから、いきなり自分の意見を述べて反論することはやめたほうがいいでしょう。

いずれにせよ、部下の面前で叱責されるのは君にとって不幸な事件ではありますが、そのこと自体で部下は君の評価を変えることはありません。日ごろ、君がどのような「志」をもって仕事に取り組んでいるのか、部下はすぐそばで冷静に見ています。**少々、格好の悪いところをみせたからといって動揺することは一切ない**のです。

部下が一生懸命準備した新規事業のプレゼンテーションで失敗したときなども、部下に合わせる顔がないなどと思ってしまうものです。

しかし、格好つける必要などはまったくありません。君の好きなようにすればいいのです。がっかりして、どうしたらいいのかわからないまま部下の待つ部屋に戻って、部下とともに落胆して、涙を流してもいいでしょう。今回は失敗したけれども、次のチャレンジに向かってがんばろうと落胆する部下を慰めてもいいでしょう。要は、**君が感じているまま、君の人間性のまま自然体で振舞う**ことです。

このことは何事についても言えます。

失望の底にいるのに、元気な顔で演ずるのは健気ではありますが、どこまでいっても演技でしかありません。**演技は世の中に通用しません。**周囲の人は皆、君が本当はどう感じているのかわかっているのです。だったら、わざわざ演技する必要などないではありませんか。君が感じたとおり、そのままを表現したらいいと私は思います。

全力投球したけれども失敗して、それが本当に口惜しく、打つ手なしと感じたら部下の前で泣いたっていい。全力で取り組んだけれども、よくよく考えてみたら気が付いていないところがあった、指摘されたことはもっともなことだと思ったら、「ようし、リベンジするぞ!」と部下に再起を誓ってもいい。

確かに君はリーダーではありますが、あくまでも一個の人間です。そのことを、部下はよく知っています。

素直に感情を出してみませんか。

格好なんかつけても、たかが知れてるんです。

25 「部下を守る」を勘違いしない

――〝温情〟が部下を殺すこともある

私は、課長にとって部下は家族だと考えています。

もちろん、本当の家族のように、無条件に愛情をもつ対象にはなりえないでしょう。部下のなかには、自分とは性格の合わない人もいますし、可愛げのない人もいます。

しかし、それでも、私は**できれば部下全員を家族同様に考えて、そのように対応したほうが仕事はうまくいく**と思います。

そのほうが、部下にとっても、私にとっても、組織にとっても、効率がよいからです。それに、なんといっても、居心地がいいというか、組織へのロイヤルティが高まります。

さて、課長は、家族である部下に危険が及んだときには、世帯主として無条件に守らなければなりません。

部下が計算ミスをしたり、関係部署から非難されたり、家族に病人が出たりしたときにはカバーしてあげなければなりません。特に、**部下のミスによらない批判に対しては、断固として部下を守る姿勢を貫くべき**です。

部下を守ろうとする君の行動をみて、当人はもちろん、周囲の人や上司も君を「頼りがいのあるボス」とみるでしょう。そして、他の部下も「自分のことも守ってくれるだろう」と考えるようになり、チームワークが間違いなく強化されるのです。

ただ、部下を守るということを勘違いしている人もいます。

以前、ある会社の課長さんから、こんな相談を受けたことがあります。

部下が大きなミスをしたといいます。会社に約１００万円の損失です。本人は一生懸命がんばっているそうですが、イージーミスです。しかも、その年になってからはやくも3回目。ところが、これまでは、彼のミスであることを明らかにせず、課の責任として処理してきたといいます。さすがに、大きなミスを連発する課に対して、経営陣はもちろん、関係部署からも厳しい批判が出ている。どうしたらいいだろうというのです。

まず、この課長は部下がミスする確率を減らす工夫をしてこなかったのではないかと疑います。

人はミスをするものです。中には、イージーミスを繰り返す人もいます。そうした人に対しては「ミスをする」という前提で仕事のチェック体制を整備する必要があります。これは、管理者である課長の仕事です。**再びミスをしないようにしてあげるのが、部下を守るということ**なのです。

だから、3度も同じようなミスを部下がしたことに対して、課長は重大な責任があると言わざるをえません。

それ以上に、強く言いたいのは「部下を守るということを履き違えるな」ということです。

温情も大切ですが、それがこの部下を甘やかしてしまっているのです。イージーミスなのですから、一生懸命やっているなどという主観的判断は言い訳にはなりません。100万円といえば、彼の年収の何分の1かに相当します。しかも3回目というのは重症ですよ。もっと早く、事の重大さを彼の身体で知らしめる必要があったのです。

私ならば、部下に十分反省させ、2度と同じようなミスを起こさない対策を練ったうえで、ボーナスの大幅カットをするでしょう。

短期的にはボーナスを減らされるのは部下にとって不利益ですが、ここでイージーミスの怖さを叩き込んでおくことは長期的に彼を成長させることにつながります。これこそ、本当に部下を守るということなのです。

下手な〝温情〟は、部下を殺してしまいかねないのです。

それでもミスが止まらない場合もあります。

そうなってくると、明らかにその職場における適性がないと判断せざるをえません。私は、基本的には、どのような人材でもあきらめずに指導、教育し、戦力化することが課長の本分と考えていますが、世の中にはたまには箸にも棒にもかからない人がいるのも事実です。

精一杯指導してもどうしようもない人材については、速やかに他部署への異動を画策すべきです。会社のなかには、それほどの人材でなくても務まる職場があるものですし、人手不足で猫の手も借りたい職場もあるでしょう。厳しいようですが、そういう人は切って捨てるしかありません。

会社は人助けの組織ではなく、あくまで戦闘集団なのです。

仕事のできない人だけではありません。

課長の指示・命令に従わない部下なども切って捨てる覚悟が求められます。私はダイバーシティの推進者です。ですから、課長の方針に批判的な意見をもつ部下はむしろ貴重だと考えます。しかし、上司の指示・命令には従ってもらう。組織とはそういうものです。

かつて中坊公平さんは**「正面の理、側面の情、背面の恐怖」**とおっしゃいました。

リーダーが仕事を進めていくうえで、部下に対して、まず「理」で説得し、ときどき「情」でサポートする。しかし、「それで従わねば、わかっているな」ということです。

「恐怖」はなるべく使わないほうがいいのですが、しかるべきときに、しかるべき方法で使わなければリーダーとして仕事をすることはできません。

第4章

社内政治に勝つ

26 上司を味方につける
——対応を間違えば最大の障壁になる

直属の部長と常日ごろコミュニケーションをとって信頼を構築する——。

これは、課長にとって最も大事な仕事のひとつです。

課の仕事をスムースに進めるためには、上司を味方につけ、その力を最大限に活用するのが得策だからです。

私が課長だったときは、常に部長のスケジュールを確認して、最も余裕のある日時を選んで、2週間に一度くらい、だいたい30分のアポイントを入れるようにしていました。

「定期的に報告し相談する」というのがミソです。一定のスパンで、上司と意見交換したり、相談したりすることが、上司の信頼を得ることにつながるのです。

アポイントの際には、必ず用件を紙に書いて「文書」の形で上司に差し出します。「報告事項3件、①……、②……、③……」「ご相談したき事2件、①……、②……」と書かれた書類を見せれば、部長はどんな用件なのかすぐにわかるからです。

そのうえで、口頭で報告・相談をします。報告事項に関しては、部長はあまり関心を示さないでしょう。「ふんふん」と聞いている程度です。多くの場合、上司にとって部下の報告事項などたいしたことではないからです。

報告が終わって、相談に移ると少し身を乗り出してきます。

このときに、私は、

「この件についてはAかBの選択肢がありますが、私はこういう理由でAをとりたいと思います」

と言います。すると、たいていの場合、部長は「それでいい」と言います。部長も多くの問題を抱えていて部下の問題にあまり頭を使いたくありませんし、部下が一生懸命考え、それなりの理屈が通っている提案であれば、「それでいい」

と考えるわけです。

しかし、ここで上司の了解を得たというのは大きいことです。他の部署やお客様のところに行って、

「私の上司もこの方向でやれと言ってます」

と言うことができるからです。仕事が断然やりやすくなります。

万一、他の人から反対されても、再び部長に「先日部長に賛同していただいた件ですが、難航していますのでお力を貸してください」と言えばいい。部長は自分で方向を示した手前、力を貸さざるを得ないのです。**こうした力学をうまく使いこなせるようになれば課長としては一人前と言っていいでしょう。**

さて、このようなアポイントを繰り返すと、30分のアポイントが20分になり、15分になり、という具合に時間が短くなっていきます。2週間ごとに定期的に報連相をしているわけですから当然ですね。用件が早く片付くと、アポイントは30分ですから時間が余ります。そうすると部長は時々雑談をするようになります。自分の仕事のグチやプライベートの話などなど。これがまた重要です。**上司の悩**

みなどを聞いてあげると、俄然信頼があつくなるのです。

さらにいいことに、**部長が私を見なくなります。**というか私が彼の視野から外れていくのです。なぜならば「あいつは必ず2週間ごとに報告に来る」と思ってしまうからです。

そして、報告に来ない他の課長が気になって、「おい、あの件どうなってい
る?」という声が飛ぶようになるのです。その課長は、宿題ができていないため、今やりかけの仕事をストップさせて、〝あの件〟に取り掛からなければならなくなるのです。

直属の部長との対応を誤ると自分の仕事の障害になることもあるので、常に部長をウォッチしながら大切にして、味方につけておかなければなりません。そうしておけば、「あいつはいつもきちんと報告してくるし、よく考えている」と君の評価も上げてくれるという最高のおまけまでついてくるのです。

27

「2段上の上司」を攻略せよ

——強力な援軍になってくれる

課長にとって直属の部長は極めて重要な存在ですが、もう1段上の上司（ここでは「2段上の上司」と呼びます）との付き合いも大切です。

部長はこちらの人事評価をし、人事異動させる力をもっています。生殺与奪の権限をもっているのですから、特にマークしておく存在なのですが、2段上の上司も時に大きな力をもつことがあります。

たとえば、自分が進めたいプランを部長が反対しても、2段上の上司が賛成すれば実行することができます。あるいは、**君の評価や異動をくつがえす力も持っている**のです。

そのため、意識して2段上の上司との付き合い方を考える必要があります。

まず第一に気を付けることは、いつもきちんと挨拶をすることです。そして、ちょっとした会話をはさむことです。

「昨日の会議はたいへんだったようですね」「先週のパーティでのスピーチは感動しました」といった、相手の琴線に触れるワンフレーズがいいでしょう。

日ごろこのようなコンタクトをとっておけば、仕事のことで困ったときにも、「ちょっと悩んでいることがあるのですが、ご相談に乗っていただけませんか？」と言って応じてもらうことが可能になります。しかも、2段上の上司は直属の上司よりも力量も上というケースが多く、思いもよらない素晴らしいアドバイスをもらえることもありますので、ぜひともトライしてください。

実は、**2段上の上司も、直属の部下のそのまた部下の話を直接聞いてみたいと考えている**ものです。ですから、普段から、きちんとしたコミュニケーションをとっていれば相談には乗ってくれるはずです。

ただ、2段上の上司とのコミュニケーションは、できるだけ短時間にすることを心がけてください。相手の時間を奪わないように気を付けるのです。

上司は部下に会うのが若干億劫なものですが、それは時間がとられてしまうという恐れがあるからです。ところが、2～3分で話の終わる相手であれば拒む理由はそれほどないのです。だから、**とにかく「結論まっしぐら」を徹底する**ことです。逆に、「あいつは話が長いから」というだけで面談を断られる人もいます。「長い話」は禁物なのです。

私は、これを繰り返しているうちに、2段上の上司のみならず、さらに上の地位の人にアポイントを入れてもほとんど断られないようになっていきました。

ところで、2段上の上司とやりとりするときに注意しなければならないのは、直属の部長への報告です。「たまたまエレベータの前でお会いしましたので、この件、お聞きしましたら、このように言っておられました」くらいの話はしておいたほうがいいでしょう。あとで、自分を飛び越えて話をしたと聞くと、不快になる人もいます。また、**「自分は2段上の上司と信頼関係にある」ということを知らしめておくのも効果的**です。

28 目に見えないヒエラルキーを利用せよ

――本当の実力者を見極める

社内政治を生き抜かなくては、君がこの会社で実現したい理想は成就できません。どんな社会にも政治はつきもので、避けて通ることはできないのです。

政治力があれば、自分のプロジェクトを成功に導きやすくなりますし、部下を昇格させることも可能になります。あるいは、将来性がある新規プロジェクトを自分の部署に持って来ることもできるのです。

社内政治に強くなるためには、直属・2段上の上司はもちろん、有力な役員・部長など花形ともいえる人たちと日常的に接触して、顔見知りになっておく必要があります。そのために私は、社内キーマンごとに入社年度、出身大学、趣味、家族構成などを記してすべて暗記していました。そして、**日ごろから何かと理由**

をつけては、そのような人たちにコンタクトをとって良好な関係を築くようにしてきました。

しかし、実は、これだけでは足りません。

公式にはそれほどの地位にはないけれども、多くの重要な問題で影響力を発揮する人たちがいるのです。

これは、他社の人に聞いた話ですが、ある役員は直属の部長よりも、その下で働いている課長の意見を尊重しているのだそうです。年功序列の強い会社では、必ずしも真の実力者が部署のトップを務めているとは限りませんから、ありうる話です。このような場合に、その役員を動かそうとして直属の部長にアプローチをしてもあまり効き目がありません。それよりも、その役員の懐刀になっている課長に接近したほうが打開策を見出すには近道でしょう。

あるいは、役職は付いていないけれども、その部署に**隠然たる影響力をもっている〝お局さま〟も重要**です。そういう人は〝ウラ事情〟に通じていることが多く、組織を動かすときに有用な情報を手に入れることができたりするのです。

だから、私はさまざまな部署に足を運んだときに、トップと話をするだけではなく、できるだけ気軽にいろんな社員に声をかけるようにしてきました。こうした積み重ねが、いざというときに政治力となって力を発揮するのです。

組織は、表面的に見ているだけでは、動かすことはできません。**目に見えないヒエラルキーにも目をこらして、その力を利用できるようになるのも課長としての重要な仕事力**なのです。

ただ、そのために、とっぴな動きをする必要はまったくありません。**誰とも分け隔てなく付き合うという人間として当然のことをやればいい**のです。私は、「幼稚園で習ったことをできるだけでリーダーになれる」と常々言ってきました。「誰とでも仲良くする」「仲間はずれをつくらない」「悪いことをしたら謝る」「困っている人がいれば助ける」。こうしたことをきちんとやっていれば、自然と社内人脈が広がり、君を助けてくれるようになるのです。

29 部下の昇格には全力を注げ

―「社内政治」の腕の見せどころ

課長にとって、自分の部下を昇格させられるかどうかは、重要な課題です。

部下本人にとって、これ以上関心のあるテーマはそれほどありません。特に自分の業績や能力についてそこそこ自信をもっている人が、**しかるべき昇格を果たせないときは、自分の上司に対する信頼感をなくし、以後お互い仕事をしていく上で大きな障害になる可能性があります。**

したがって、昇格時期を迎えた部下には最大限の配慮をしなくてはいけません。

昇格を成功させるには、昇格審査の1年前からその準備をスタートさせなさい。

なかには、部下の昇格申請をしてから根回しをはじめる人もいますが、それでは完全に手遅れです。申請が出揃った段階で、トップ層はある程度の順位付けをはじめていますから、聞き入れてもらえる可能性はほとんどないでしょう。人事はある意味では「社内政治」と言うべきものですが、**社内政治では勝つことが大事**です。遅れをとっては勝つことなどできません。

働きかけるターゲットは、自分の上司（部下からみると「2段上の上司」）と人事部です。

まず上司対策ですが、折に触れ、部下（ここではA君と呼びます）の業績をPRすることです。上司に業務報告をするときなどに、「実はこのアイデアはうちのA君が考え出したもので、彼にはこういうことを思いつく才能があるんです」とか、「今回のこのプロジェクトはほとんどA君が独力で成し遂げたのです」といった話を耳に入れることで、A君の有能さをPRするのです。

このような話をすることによって、上司はA君の評価を上げるだけではなく、課としての業績を自分の手柄にせず部下を褒める君の人物の大きさを評価するようになります。**「自分がこれをやった」と大げさに自己PRする課長をよく見か**

けますが、部長にすればそのような態度はやや不愉快なものです。

次に人事部対策ですが、まず、日ごろから人事部と接触する機会をもつようにしておくことが大事です。これまで、そういう経験のない人にとっては、人事部へのアプローチは大変に思えるかもしれません。

しかし、**人事部の人たちは人事情報に飢えています。**人事部のしかるべき人と接触する機会に、君の身近な人間関係の情報を、さまざまなエピソード付きで提供していると、自然と深いコネクションができ上がっていきます。そのうえで、折に触れ「課長に昇格できるのは私の部ではA君とB君だな」とか「まさかA君の昇格遅れはないよね」くらいの話をしておくと効果的です。

経営トップ層も人事部も、直属の上司である人間が褒める人を簡単には無視できませんし、何度も褒めていると「そういうものか」と納得してしまうものなのです。

それから、こうした根回しの状況は、当事者の部下にはある程度伝えておいたほうがいいでしょう。

「昨日あの業務の件で部長には君のアイデアだと褒めておいたよ」

「人事部には来年の君の昇格を進言しておいた」

など節目のときに部下に耳打ちしておくのです。

部下の昇格のために何もせず、昇格できなかった後になってから「君の昇格のためいろいろ動いたんだけど駄目だった」などと言っても部下は信じてくれません。上司への根回し、人事部への推薦などについてある程度話をしておけば部下は君を信頼してくれますし、よしんば**仮に昇格できなかったとしても課長としての君の努力を多とする**ものです。

さらに大事なのは、**昇格の時期は部下の弱点を補強する絶好のチャンス**だということです。

たとえば、その部下が自己主張が強くて協調性に欠けるところがあったとすれば、

「部長に君の昇格のことを申請したら、部長が『彼の能力あるところは認めるが、

若干人の意見を聞かないところがあるからな』と言っていたよ。それは、私も日ごろ気になっていたことだ。君がひと回り大きくなるためにも少し自分を抑えるほうがいいと思う」

などとアドバイスするのです。

普段ならあまり気にしない部下でも、昇格が絡んでくると結構気にして態度を修正したりするものです。

30 上司の人間性に問題があったら

——根本的に直ることはないと思え

直属の部長との関係で悩んでいるようですね？

君の手紙を読んでいると、どうも部長にはやや人間的な問題があるようです。失敗した部下をとことん責めて省みることなく、公私混同も甚だしく私用で部下を使ったりしているというのは問題ですよ。ただ、非常に仕事のできる人で、実績もあるとなるとヘタなことはできませんね。

こういう上司は、どんな会社にも存在します。仕事で評価されることが、その人を傲慢にしているのでしょう。

ただ、人間性というものは、その人の人生のなかで積みあがってきたものですから簡単には直りません。

もしも、君がその部長とかなりの信頼関係があるのならば、直接、注意してあげることも考えられますが、話し方やタイミングには注意しすぎるほどに注意しなければなりません。まぁ、極めて難しいことですから、よほどのことがなければ、この選択は避けたほうがいいでしょう。

となると、君がやれるのは、その部長の上司、つまり君の「2段上の上司」に頼んで注意してもらうという方法です。誰でも、自分の上司の言うことは割合素直に聞きますからね。ただ、そのためには、君が日ごろから2段上の上司とフランクに話ができる関係をつくりあげておくことが前提です。

そして、仕事の相談をするために2段上の上司を訪ねたときに、さりげなく部長の行動で目に余ることを伝えておくのです。2段上の上司も、君に言われるまでもなく、部長の有様にはある程度気付いているものです。そこに、君から具体的な話が加われば、何かの折に部長に注意するでしょう。

しかし、その部長の癖が根本的に直ることはないと考えておいたほうがいい。**彼がその人間性について自分を反省し、修正するのは、自分に大きな被害が生じたとき**です。しかし、そのようなことはめったに起こらない。だから、悲しいことですが、おそらく彼は、自分の人生で大事なことが何なのかわからないまま、ビジネスマン人生を終えることになるでしょう。

とはいえ、部下は守らなければなりません。部長が理不尽なことを部下にした場合には、それを止《や》めさせる覚悟が必要です。そのためには、部長との信頼関係をベースに、常日ごろから君の考え方・やり方をきちんと説明して、部長がそれを正当な理由もなく侵犯しようとしたときには毅然と対応する姿勢を保っていなければなりません。**上司と喧嘩をしてはいけません。しかし、君は課を取り仕切る権限をもつマネジャーです。その一線をしっかりもっていれば、部下を守ることはできる**はずです。

それともうひとつ。君はその部長から学ぶこともできるのです。反面教師にして、自分の人間性を内省するいいきっかけにするのです。そして、「自分は偉くなっても、ああいうことは絶対にしない」と心に刻めばいい。

31 口は災いのもと

——悪口は本人の前でも言う

私は、長いビジネスマンとしての経験から「自分の意見ははっきり述べるべき」と確信しています。

だから、会議やミーティング、普通の会話でも、なるべく発言して自分の考えを伝えることを心がけてきました。

仕事で一番怖いのは「思い込み」です。「わかってくれるだろう」「言わずもがなだ」などと考えて、きちんと言葉にして伝えていないと、相手が勘違いしてとんでもないことになってしまうものだからです。むしろ、「言ってもわかってくれないのだから、何も言わなければそれこそ何もわからない」くらいに考えていてちょうどいいのです。

それだけではありません。自分で発言することを通じて、自分の考え方をまとめられるメリットもありますし、相手との主張の違いを明らかにすることによって議論を深め、よりよい解決策を導き出すこともできるのです。

2時間も3時間も会議をしていても何も発言しない人、上司の話をただ聞くだけの人。こういった人は一時のつまらないミスはしませんが、長い目で見ると会社の役には立ちませんし、他人からも評価されないものです。要するにそういう人は、自分の考えがないか、自分の考えはあるが自信をもって主張できないのです。だから、他人の考え方や価値観とぶつかることがない。しかし、**他者とぶつかるからこそ、考え方や価値観は磨き上げられ、人は成長する**のです。

上司にもはっきりモノを言うべきです（喧嘩をしてはいけませんが……）。私が課長代理のとき、課長が夜に「ミーティングしよう」と言ったり、夕方に「明日の朝までにこの仕事をやってくれ」と指示したとき、私は「突然そんなことを言われても私にも予定がありますので」と何度も断ったものです。その瞬間は気まずい空気が流れますが、イヤイヤながら指示に従うよりはずっとマシです。それに、何度も言い続けると、上司も気にするようになってそうした指示をしなくなるものです。このように、上司の欠点を指摘してあげることで、部下から不評な部分を是正していけることもあるのです。

だから、私は部下に、**「暗黙知はダメ、言語知だよ」**と口をすっぱくして言ってきました。

しかし、一方で「口は災いのもと」ということも忘れてはなりません。

特に、他人の悪口には気を付けなければなりません。

本人の前では何も言わず、本人のいないところでその人の欠点をあげつらったり、侮辱するようなことを言ったりするのは避けるべきです。

誰かに話したことは、まわりまわって本人の耳に届き、その人を敵に回すことになるからです。そして、いざ君が何かをやろうとしたときに、必ず足を引っ張ることになります。これが社内政治を難しくしてしまうのです。

しかし、人間とは悲しいもので、どうしても人の悪口を言いたくなって、その欲望を抑えることができないこともあります。

かく言う私自身、何かとストレスの多い課長時代には「サラリーマンの楽しみは、酒を飲みながら上司の悪口を言うことだ」と言っていたものです。

だから、私は**どうにも我慢がならなかったら、本人の前でも同じことを言うよ**うにしていました。

コツは、ちょっとだけ表現を変えることです。

たとえば、「あなたは怒りっぽい人ですね」と言われれば誰でも怒り出すでしょうが、「あなたはときどき激しくなりますね」と言われればカチンとは来ても怒りはしない。

こんな調子で私は、部下がいる前で上司に向かって本人が気になるようなことをズケズケ言っていました。後から部下に「ヒヤヒヤしましたよ」と言われたものです。

しかし、どこでも同じことを言っていれば、多少悪口が混じっていても「あいつは陰で悪口を言うイヤなヤツ」という評価にはならないのです。

第5章

自分を成長させる

32 大局観を養いなさい

――常に上位者の視点で考える

仕事は忙しいものです。次から次へと案件が降りかかってきます。若いころは、それを必死になってこなしていくなかで力を蓄えていくものです。

しかし、課長ともなると、そのような目先にとらわれた仕事ぶりでは成果を上げることはできません。もっと**広い視野や高い視点で仕事をとらえなければならない**のです。それは、すなわち「大局観」です。

たとえば、若いうちは、数ある仕事のなかで、何が幹で何が枝葉かわからないものです。だから、生真面目な社員はどんな仕事でも100%の完成度でやり遂げようとします。しかし、これでは多大なムダが発生してしまいます。

一方、会社にとって何が重要なのか、そのために課が求められている役割期待は何かという大局観があれば、何が幹で何が枝葉かはっきりします。枝葉の仕事は6～8割の完成度でも拙速を尊重し、幹の仕事に注力すれば、最終ゴールに早く到達することができるのです。

また、仕事にはタイミングというものがあります。たとえば、君が企画部門にいるとして、会社全体の業務プロセスの不効率を見出したとしましょう。しかし、平時に業務改革を訴えても組織はなかなか動きません。そういうときは、大局観をもって時機を待つというのも賢明な選択です。そして、業績が少し悪化して、社内に危機感が共有されてきたタイミングを狙うのです。

課長として結果を出そうと思えば、こうしたセンスを養うことがとても大切です。

では、大局観を養うためにはどうすればいいのでしょうか?

常に、ひとつ上の立場でものをみて、考えるクセをつけることです。

軍隊では、常にひとつ格上の教育をするそうです。つまり、連隊長になる前に連隊長としての訓練をするのです。これは当然のことです。なぜなら、連隊長になってからその教育を受けているようでは、勉強中に攻め込まれたときに味方が全滅になるかもしれないからです。

これは会社でも同じことです。**課長になってから、課長の勉強をしているようでは遅い。**係長のときには課長のつもりで、課長のときには部長のつもりで、部長のときには役員のつもりで考えるのです。

私が初めて課長になって3年目のとき、役員2年目の前田常務（当時）が14人抜きで東レの社長になりました。

その後、前田社長と食事をする機会があったとき、「56歳の若さで社長になって毎日大変でしょう?」と尋ねたことがあります。そのとき前田社長はこう応えられました。

「いや、そんなことはない。私は30代のときから社長になるつもりで仕事をしてきた。いつも社長ならどう考えるか、どう行動するかを考えてきたから、もう20年間社長をしてきたようなものだ」

当時すでに、1段上の立場で仕事を考えるべきと思っていた私にとってはまさに〝目からウロコ〟の話でしたが、「さすがにスケールが違う」と感じ入ったものです。世間には、こんなにすごい人もいるのです。ですが、あまりムリをしても身につきません。とりあえずは1段上の視点で考えるようにするといいでしょう。

33

会社の常識に染まらない

——定時で帰って社外の人と付き合う

私は、会社の仕事はできるだけ効率的に済ませ、自分のプライベートの生活を大事にすべきであるという「ワーク・ライフ・バランス」の推進者です。

極力残業などせずに定時に帰ったほうが仕事の生産性も上がるし、プライベートも充実します。その結果、生活全体が充実したものになるのです。

会社にとってもメリットがあります。長時間労働で社員が疲弊することを防ぐことができますし、「働きやすい会社」として認められればより優秀な社員を集めることもできるでしょう。

ただ、私は必ずしも残業が「悪」だとは思っていません。20～30代は思い切り仕事に熱中することも大事です。平凡な働き方では、なかなかその道のプロにはなれません。寝ても覚めても仕事のことを考えているような時期をもつことは、一人前のビジネスマンになるためには欠かせないと思います。

しかし、40歳に近づいて管理職になるころには、働き方をよくよく考えてみる必要があります。体力が落ちてきますから、ムリを続ければ身体を壊してしまいます。それを、環境のせいにしても何も生まれません。誰も救ってくれるわけではないのです。**自分の身は自分で守るしかありません。**

だから、何度も繰り返しますが、部下のやるべき現場の業務には絶対にタッチしてはなりません。それでなくても、君にはもっと高度な仕事が雨あられと降ってくるのです。そうした仕事をこなしながら、部下の仕事まで手伝っているようでは身体がもちません。むしろ、40代には積極的に自己啓発や社外の人との付き合いで見識を高めるべきです（家族とのコミュニケーションも大事です）。これからの仕事で求められる判断力を養うためにも、会社にいるだけでは得られない教養を身につけることを心がけてください。

私は30代のころから、社内はもちろん社外のさまざまな研修会に参加してきました。中でも、40代前半に入会した官民の若手課長が集まる勉強会は刺激的で、その後20年以上にわたって活動を続けてきました。いろんな立場の人々と付き合うことで、自分の人生観、仕事観の形成に役立ちましたし、この勉強会を起点に貴重な人脈をつくりあげることができました。

社外の人との付き合いの最大のメリットは、**「社内の常識は世間の非常識」ということを肌で学ばせてもらえる**ということです。

会社での仕事ばかりに精を出していると、同じ会社に勤める同じような考え方、同じような価値観、同じような経験をしてきた人としか付き合うことができません。それだけでは、君の成長には不十分です。「井の中の蛙《かわず》」になってしまうのです。

仕事にも具体的なメリットをもたらします。

たとえば、私はかつて海外拠点を立ち上げる仕事に携わりました。そのときに問題になるのは、どのような生産方式をとるべきかということ。私は、自社のやり方以外にもすぐれたやり方があるかもしれないと思って、勉強会で知り合った他社の人に聞いて回りました。すると、会社によって実にいろんなやり方があることがわかりました。

ある会社は日本方式をそのまま持ち込み、ある会社は現地のやり方を導入して、まるで別会社のように運営します。業種にもよるし、地域の事情にもよるし、その会社がその地域でどの程度プレゼンスがあるかにもよる。いろんな要素の総合的な判断が必要なのです。

こうしたことは、会社の中だけでは知ることのできないことです。新聞、雑誌などでも調べることはできるかもしれませんが、経験者から直接聞くことによって「肌」で感じることが重要です。

だから、君にもぜひとも社外に豊かな人脈を築いてほしい。外に顔を向けて自分の拠って立つ基盤を強固にすることが君の成長につながるのです。**もしかすると、社内の仕事だけ一生懸命やっていたほうが出世できるかもしれません。しかし、それでは本当の意味でリーダーになることはできないのです。**

34 自分の頭で考える人間になる

——批判精神なき読書は有害

読書によって幅広い知識を吸収することも、課長としての判断力を養うために重要なことです。

ただ、私の経験では、どういうわけか多読家に仕事ができる人が少ない。なぜか。私が思うに、あまりに多くの情報をインプットすることで、自分自身の考え方が形成されないおそれがあるからです。少し大げさに言うと、**自分の頭で考える力が養われない**のです。

実は、もともと私は多読家でした。学生時代には、それこそ強迫観念にかられたように多くの本をむさぼり読んだものです。会社に入ってからも多読の傾向は変わりませんでした。小さいときから母親に、「できるだけたくさんの本を読むことが自分の成長につながる」と教えられてきましたし、自分でもそう信じていたのです。

ところが、ある失敗を契機に考え方が変わりました。

まだ若いころのことです。私は、ボストン・コンサルティング・グループのＰＰＭ（プロダクト・ポートフォリオ・マネジメント）に関する本を読んで、自分の会社の事業にその理論を当てはめて事業戦略をまとめたことがあります。しかし、少し経ってから「本当に馬鹿なことをしてしまった」と後悔しました。

現実の企業で実際に責任のある経営をした人なら、「〝金のなる木〟事業にはすぐに投資をしない」とか、「〝負け犬〟事業はすぐ撤退すべき」などという結論はすぐには出さないのは自明の理です。「自社の営業力」「技術力の実態」「マーケットやコンペティターの分析」を十分掘り下げて分析し、事業全体について正確な事実を把握したうえで、しかるべき対応策を打つはずです。私はそうしたプロセスを踏まず、本で読んだ知識をもとに事業戦略を立ててしまった。要するに、私は自分の頭で考え尽くしていなかったのです。こんなことならば、ＰＰＭの理論などむしろ学ばないほうがよいくらいです。

本を読むうえで大切なのは、そこに書いてあることが「本当に真実か」ということを冷静に見極める力です。大げさに言えば、批判精神もなくやたらと本を読むくらいなら、むしろ読まないほうがムダなことを頭に入れないだけ、〝傷が浅い〟とも言えます。**考える力を養わなければ、読書は有害ですらある**のです。

では、どうすれば考える力をつけることができるか？

読書で得た知識を、現場の仕事にあてはめてシミュレーションしてみるのです。そして、現実にどのように機能するのかを徹底的に考え尽くすのです。それで、役に立たないと思ったら、その知識は捨て去ればいいのです。

だいたい、坂本龍馬がそんなに本を読みましたか？　読んでなくてもあれだけのことをした。それは、自分の頭で考えているからですよ。本の数からいえば、明治の人は今の人の何分の一かの読書量ではないでしょうか？　だけど、当時、海外から来た人は、「日本にはすごいのがいる」と驚いている。それは、彼らが自分で練り上げた力なのです。

私は、40歳を過ぎたころから、多読をしなくなりました。押し寄せる多くの仕事と家族の世話のために読書の時間を確保できなくなったという要因もありましたが、多読が必ずしも自分の成長につながっていないのではないかと感じ始めたからです。

そして、私は自分の気に入った本や感動した本を読み返すようになりました。自分の成長につながる本を精読するようにしたのです。

その代表的な本が、キングスレイ・ウォードの『ビジネスマンの父より息子への30通の手紙』です。

最近では、『散るぞ悲しき栗林忠道』（梯久美子著、新潮文庫）、『驕れる白人と闘うための日本近代史』（松原久子著、田中敏訳、文春文庫）、『プロフェショナルマネジャー』（ハロルド・ジェニーン著、プレジデント社）などを自分の人生形成の道しるべとしてきました。

君にも、ぜひ、こうした一生モノの一冊を見つけてほしいと思います。**良書は何度読み返しても、新たな発見、新たな教訓を汲み取ることができます。**そして、自分の考え方や生き方を深めてくれるのです。

かつて君に、私が毎日もち歩く手帳を見せたことがありますね。その手帳に自分が感動した本の書名とその内容を書き込んでいたでしょう。私は、この手帳を電車の中とか会議前の空き時間など、いわゆる〝隙間時間〟に繰り返し読んでは身に付けるようにしていました。こうして何度も咀嚼《そしゃく》することで、本の内容を心身にじっくりと染み込ませるのです。

君もぜひ試してみてください。

35

不本意な部署で課長になったら

——器を大きくするチャンスと思え

会社人生とは、決して一本道ではありません。

この道は、曲がりくねっている。それまで精一杯努力して結果を出していたとしても、不本意な課に異動になるなんてことは、よくあること。だから、今後、場合によっては、**君があまり担当したくない、不本意な部署の課長に任命されることを覚悟しておいたほうがいい。**

だけど、そのときこそ、君の仕事人生が試されるときなんです。

私が、かつて部長になったときのことです。

ある課のベテランできわめて優秀な部下を、彼が経験したことのない分野、しかも海外へ異動させたことがあります。

そのときは、周囲の人々に「なぜ、彼のような優秀な社員を異動させるのか？」とずいぶん非難されたものです。特に、彼を預かる課長は何度も私に「考え直してください」と言ってきました。本人も、「なぜ、自分が？」とずいぶん戸惑ったようです。しかし、私は頑として譲りませんでした。

なぜなら、私は、彼が優秀だからこそ、異なった分野の仕事を経験させることによって、ひと回り大きく成長してほしいと考えていたからです。

たしかに、〝その道〟のプロを育て上げて、その分野で働いてもらったほうが、会社としては効率的な面もあります。しかし、そんなことばかりしていては、いわゆる〝専門バカ〟を大量生産するだけです。それでは、本当の意味で大きな仕事ができるビジネスマンを育てることにはなりません。


私自身がそうでした。

若いころ、東レの取引先で潰れかかった会社に出向させられたことがあります。それまで、本社から離れたことがありませんでしたから、それこそ「なぜ、自分が？」と思ったものです。しかも、その会社に行ってみると、本当にひどい経営状況でした。「とても再建なんてできない」と頭を抱えたものです。

仕事は本当にきつかった。含み損の調査や再建計画の立案、管理制度の整備などやることは山積していました。しかも、今にも潰れそうなわけですから、一刻の猶予もありません。起きている時間すべて働くような状態でした。

そんな生活が約3年半続きました。そして、再建の道筋がついた時点で本社に戻りました。それからさらに6～7年かかりましたが、その会社は立派に再生したのです。この経験は、私に大きな教訓を残してくれました。

「会社や事業は客観的には再建不能と評価されても、トップのリーダーシップと社員の結束力で再生できる」

私にとってはやや不本意な出向でしたが、「経営力」と「社員力」の奥深さを学んだのです。これは、本社にいるだけでは、おそらく得られなかったものです。

管理職になってからも似たようなことがありました。

経営企画室で社長のスタッフとして働いた後、突然、社長は私を営業課長に任命したのです。私はそれまで20年間、ほぼ企画・管理の仕事をしてきたのですから、私も周りもたいへん驚きました。

もちろん、苦労しました。営業については、何にもわからないズブの素人ですから。だけど、ここでの経験は私の仕事の幅を大きく広げてくれました。営業現場のことを「肌」で知ることによって、企画・管理の仕事の本質に近づくことができたのです。それに、具体的業務については〝素人〟であってもマネジメントすることができたという経験が、管理職としての私の自信を深めてくれたのでした。

もうわかりますよね？

異動の背景には、時に上司の深い思惑があるものなのです。だから、**一喜一憂せずに与えられた職責に全力で取り組んでほしい**のです。

君が不本意な職場の課長になったとしても、社内の多くの人は君をじっとみています。**君が、そのような部署でも腐らずにコツコツと真面目に仕事をするかどうかをしっかり見ている**のです。

先に書いた私の部下も、新しい職場で一生懸命働きました。その姿をみて、私は彼を人間として心底信頼したものです。

そして、3年後。海外での経験を積んだ彼を、再びもとの分野に戻しました。従来とは違う世界を経験することで、彼は異動前よりも大きく成長していました。当初、反対意見をもっていた人々も、その姿をみて私の意図に納得してくれました。

もちろん、正真正銘の「左遷」という場合もあります。

だとしたらどうでしょう？　それこそ、その職場で精一杯やるしかないでしょう。そこでがんばらない人に、残念ながら、次のチャンスが与えられることはありません。

不本意な職場にはメリットもあります。

得てして暇な職場だからです。海外の辺鄙な地域に転勤した場合には、会社の有力者が訪れることもないでしょう。時間があります。そして、自由です。

そんなときは、語学の勉強を集中してやるとか、幅広い分野の本を読むとか、趣味に磨きをかけるといったことが可能になります。いわば自己研鑽の絶好のチャンスなのです。

ビジネスマン人生は長い。

2年や3年の廻り道など取るに足らないことです。

36 課長に向いてないと思ったら

——君らしくあれ

石田君、最近ちょっと元気がないようですね。課長になって1年。思ったほど業績が上がらず、社内の評価も芳しくないのですか？

そんなときは、周りを見渡してごらんなさい。社内での評価が高く、部下から全幅の信頼を得て、力強くまとめあげていくリーダーシップのある課長なんて、そんなにたくさんいないですよ。

皆、君と同じように四苦八苦しているのです。そして、どんな成功者だって壁にぶつかって、それを乗り越えてきたのです。ここは、踏ん張りどころです。焦らず、じっくり体勢を立て直せばいいのです。

こんなときにお勧めしたいのは、一度、課員全員でブレーンストーミングをすることです。

「課の業績が上がらない原因は何か？」

「環境が悪いのか？」

「障害になっているのは何か？」

「チームワークは機能しているか？」

「業務分担は今のままでいいのか？」

「課長に期待するものは何か？」

などいろいろなテーマで率直に話し合ってみるのです。比較的業務が忙しくないときに、なるべく時間をかけてやるといいでしょう。

もちろん、ブレストですから、その場で結論を出すことが目的ではありません。議論を戦わせるのではなく、全員が思っていることを聞き出すことが大切です。声が大きい人だけが発言したり、他人の意見を否定したり批判することも禁止します。こうすることで、**課員全員が「参画意識」をもつことができるので、チー**

ムビルディングに効果的なのです。

そして、君もいろんな意見に触れることで、これまで迷っていたこと、自信がもてなかったことについて、考えを整理することができます。私などは、いつもブレストの連続ですよ。ちょっと迷ったら、すぐに関係する部下を呼んで意見を聞く。そうすると、**自然と一定の結論が見えてくる**ものなのです。

ただし、ただ漫然と課員に意見を聞いてもたいした効果はありません。大事なのは、課長である君が、

「課のメンバーの総力を結集して、なんとか課の業績を上げたいという強いパッションを示す」

ことです。それが部下に伝われば、彼らは君の大いなる援軍、サポーターになってくれるのです。

しかし、もし君がメンタル的に相当弱っているのなら、とにかく休養をとることを勧めます。

私はこれまで、自信をなくしてうつ症状を呈する課長の例をたくさん見てきま

した。うつ病はポピュラーな病気です。一生のうち、7～10人にひとりがなると言われているのです。まぁ、体が風邪を引くように心が風邪を引いたと思えばいいのです。休養をとることを、あまり気にすることはありません。なにより、君の心身を大事にすることです。そして、休んでいる間に、これからのことをゆっくり考えたらいいでしょう。

ただ、一つだけ伝えたいことがあります。**もしも、君が課長だからとムリに気負っていたのなら、そのことを考え直してほしいのです。**課長は決して簡単な仕事ではありません。しかし、特殊な才能が必要とされているわけでもないのです。部下のことを直視し、考えを聞き、事実は何かを把握し、対策を相談し、それをまとめ上げる。そうシンプルに考えれば何をすべきなのかが見えてくるのではないでしょうか？

何も気負うことはありません。自然体でやればいいのです。嬉しいことがあれば喜び、悔しいことがあれば泣けばいい。背伸びしたり、格好をつける必要などありません。

なぜなら、**君は君であり、それ以上でも以下でもない**のですから。

37 家族はかけがえのないもの

――「絆」の強さは過ごした時間に比例しない

石田君、先日は手紙をありがとう。

だいぶ課長が板についてきたみたいですね。これまで、いろんなことがありましたが、部下と一緒に前向きに仕事に取り組んでいる様子が伝わってきて嬉しかったですよ。

ところで、お子さんの具合はどうですか？　小学校で骨折をして、短期入院したそうですね。仕事熱心な君も、さすがに会社を休んでお子さんのそばにいてあげたとのこと。喜んでいたでしょう。

でもお子さんの一言が心に刺さったようですね。「父さんとゆっくり過ごすことができて嬉しいよ。普段もこうできればいいのにな」。たしかに、こんなことを言われると、子どもに寂しい思いをさせているのかな、と考えさせられますね。

今、日本の経済環境は真っ暗闇です。

そんななか、どんなに効率的に仕事をしても、定時に帰るのは難しいかもしれない。しかも、時代の変化が激しいから、家でも勉強しなければならない。自然と子どもと遊んであげる時間が少なくなりがちです。

こんな時代のなか、家族と仕事のバランスをどうとるか、これはある意味で、ビジネスマンとして、父親として、人間性というか人生観を問われているのだという気がします。

先の戦争後、日本は敗戦の中から立ち上がり、復興のために皆がよく働きました。高度経済成長期は量的拡大が続いていましたから、1時間でも多く働けば、それだけ結果がついてきました。それもあって、父親は朝から晩まで長時間働いて、母親は育児と家事に全力をあげる時代でした。この時代の父親は子どもと接触する機会はほとんどなかったでしょう。そのような働き方が、本人と家族を幸せにすると基本的には考えられていたのです。

母親にしてみれば、夫がたくさん働き、たくさん稼いできてほしい。豊かな生活がしたいし、将来は、子どもを大学にも入れたい。子どもにしても、別に家に父親がいなくても、母親がいろいろ世話を焼いてくれるし、友だちもたくさんいるから、それほど気にはならなかった。父親にすれば、家のことは心配せず、仕事中心に生活できれば、ある意味気楽です。家庭でのややこしいことは妻に一任して、自分は仕事に集中できる——。

おおよそ、このような家族の個別最適が、家族と社会の全体最適にもつながっていた、ある意味幸福な時代でした。

ところが、時代は根本的に変わりました。**もはや、かつてのような働き方は、本人も家族も幸せにはしないのではないでしょうか？**

長時間労働は、必ずしも会社の成長には結びついていません。労働量で結果が出る時代は終わり、知恵や工夫がなければ結果が出ない時代になったのです。実際に、それを実行してうまくいっている会社があるのです。

個人にとっても、働くことだけを生きがいにするのでは幸せを感じられなくなっています。家族との触れ合いを愛《いつく》しみながら、家族の絆を大事に育てていきたいと考える父親が増えてきました。それに、妻も働き始めましたから、家事の分担もしなくてはいけません。親の介護の問題で時間がとられることも多いでしょう。

さぁ、自分はどう生きていったらいいのか？

こういう悩みは、現代のビジネスマンに共通するものでしょう。

私は、この問題に客観的な答えはないと思います。それぞれの立場で、それぞれの人生を選ぶべきです。子どもとの触れ合いを大事にしたいと考えたら、仕事を少しセーブしてその時間を確保したらいいでしょう。どうしても仕事のことが気になるならば、限られた時間で精一杯家族と向き合ったらいいでしょう。

ただ、ひとつだけ言いたいことがあります。

それは、**家族の愛情、家族の絆の深さは、一緒にいる時間に比例するものではない**ということです。ある著名なエコノミストがテレビでこうおっしゃってました。

「今日、私と子どもの絆ができたのは、子どもが小さいとき、私が可能な限り彼らのために時間をつくって、一緒に過ごしたからです」

でも、私はそうは思わないのです。

前にも書いたように、私は6歳で父親を亡くしました。4人の子どもを食べさせるために、母親は朝から晩まで、それこそ365日働いていました。だから、私たち兄弟は母親とゆっくりと過ごした記憶がほとんどありません。でも、私たち家族は、よその家よりも結束力があったと思います。そして、今日の私があるのは、母からの教えによるところが大だと感じます。

ですから、私は、家族の絆は一緒にいた時間の長短ではなく、親が子どもに注ぐ愛情の深浅によるものだと思うのです。

父親がどんなに忙しくて、子どもと触れ合う時間が少なくても、子どもを愛する感情が深ければ、子どもはそれを感じ取って育ってくれます。

私は、自閉症の長男と、肝臓病とうつ病を患う妻を抱えながら、家族を守るために悪戦苦闘してきました。その私を支えてくれたのは、家族への愛と責任、そして仕事が与えてくれる充実感・達成感でした。そして、今、妻は回復し、長男は障害をもちながらもたくましく生きてくれています。たまに、家族と食事に出かけたりして楽しいひと時を過ごすとき、私は、心の底から幸せを感じます。これまでがんばってきてよかったと、心から満足を覚えるのです。

だから、君にも家族を大事にしてほしい。

家族は真にかけがえのないものです。だけど、その絆を強めるのは一緒に過ごした時間ではない。君がもし、仕事に精力を注がなくてはならない状況にあったとしても、そのことを気に病む必要はありません。

家族のことを心底、愛していれば大丈夫なのです。

あとがき

先日、エレベーターに乗ったら若い課長同士の会話が聞こえてきました。

「どう最近は？」

「いや〜、忙しんだ毎日毎日。夜も遅いし」

このような会話は、あちこちで聞く日常茶飯事のことです。

会社の中で課長は最も忙しい管理職です。部長や役員で夜遅くまで働く人はいません。たまにいますが、それは能力のない人のようです。それに比べると課長はとにかく忙しいのです。

「忙しい」という字は「心」が「亡ぶ」と書きますが、多忙が慢性化すると心というより頭の機能が退化していきます。若い人はともかく、40代の管理職は長時間労働をしてはいけません。「課の経営方針の策定」と「部下の監督と育成」という課長本来の仕事に傾注し、「志」をもって「しなやかに」働かなくてはなりません。

「戦略」という字は「戦いを略す」と書きます。

自分の本来の仕事でないことを止《や》め、あるいは自分の仕事であっても価値の低いものを止《や》め、重要な業務を遂行するのです。そして、できるだけ自分の時間を増やし、「結果を出す最短コースは何か」「部下を伸ばすにはどうしたらよいのか」「自分の視野を広くするには何をすべきか」を考え行動することが肝要です。

要は、あなた自身が、「どうしたら納得できる幸せな人生が送れるのか」をつきつめて考え、行動するのです。課長の在任期間というのは、自己形成する大事な時期なのです。

そうしたことに真剣に取り組み、「自分の人生の方向」と「自分の人生の幸せ」を決めるのが、この「課長になった時」だと私は考えています。

世の中の課長さんたち、「志」をもって「しなやかに」生きてみませんか——。

2010年2月

東レ経営研究所社長　佐々木常夫

佐々木常夫 Tsuneo Sasaki

1944年秋田市生まれ。1969年東京大学経済学部卒業、同年東レ入社。自閉症の長男に続き、年子の次男、年子の長女が誕生。初めて課長に就任したとき、妻が肝臓病に罹患。うつ病も併発し、入退院を繰り返す（現在は完治）。

すべての育児・家事・看病をこなすために、毎日6時に退社する必要に迫られる。そこで、課長職の本質を追究して、「最短距離」で「最大の成果」を生み出すマネジメントを編み出し、数々の大事業を成功に導く。

2001年、東レ同期トップで取締役就任。2003年より東レ経営研究所社長。

経団連理事、政府の審議会委員、大阪大学客員教授などの公職を歴任。「ワーク・ライフ・バランス」のシンボル的存在となる。

著書に『新版　ビッグツリー』『部下を定時に帰す仕事術』『働く君に贈る25の言葉』（小社刊）。

オフィシャル WEB サイト http://sasakitsuneo.jp/

オフィシャル BOOK サイト http://www.wave-publishers.co.jp/contents/sasaki/index.html

そうか、君は課長になったのか。

2010年3月3日　第1版第1刷発行　　定価（本体1,400円＋税）
2011年5月22日　　　第14刷発行

著　者　佐々木常夫

発行者　玉越直人

発行所　WAVE出版
〒102-0074 東京都千代田区九段南4-7-10
TEL 03-3261-3713　FAX 03-3261-3823
振替 00100-7-366376
E-mail : info@wave-publishers.co.jp
http://www.wave-publishers.co.jp

印刷・製本　萩原印刷

ISBN978-4-87290-449-9